HANS DIETER SCHMID

Arbeitskampf und Notstand aus der Sicht
des Art. 9 Abs. 3 S.3 GG

Schriften zum Öffentlichen Recht

Band 193

Arbeitskampf und Notstand
aus der Sicht des Art. 9 Abs. 3 S. 3 GG

Von

Dr. Hans Dieter Schmid

DUNCKER & HUMBLOT / BERLIN

Alle Rechte vorbehalten
© 1972 Duncker & Humblot, Berlin 41
Gedruckt 1972 bei Buchdruckerei Bruno Luck, Berlin 65
Printed in Germany
ISBN 3 428 02726 4

Vorwort

Mit dieser Arbeit wird eine Untersuchung unterbreitet, wie sie der Juristischen Fakultät der Ludwig-Maximilians-Universität zu München im Herbst 1971 als Dissertation vorgelegen hat.

Meinem verehrten Lehrer, Herrn Professor Dr. Peter Lerche, darf ich an dieser Stelle für die Betreuung der Arbeit besonderen Dank sagen.

München, im Mai 1972 *Hans Dieter Schmid*

Inhaltsverzeichnis

Erstes Kapitel

Grundlagen 13

§ 1 *Problemstellung* 13

    1. Art. 9 Abs. 3 S. 3 GG 13
    2. Problem und Gliederung 13
    3. Induktive Untersuchungsmethode 14

§ 2 *Entstehungsgeschichte des Art. 9 Abs. 3 S. 3 GG* 15

    I. Der erste Regierungsentwurf 15
      1. Vorbemerkung 15
      2. Entstehung und Regelungsinhalt 16
    II. Der zweite Regierungsentwurf 17
      1. Entstehung und Regelungsinhalt 17
      2. Änderung des RE II 18
    III. Der dritte Regierungsentwurf 19
      1. Entstehung und Regelungsinhalt 19
      2. Dialektik zwischen Staat und Tarifpartnern 20
        a) Zielsetzung und Einstellung 20
        b) Bedenken der Gewerkschaften 21
        c) Gegenargumente der Bundesregierung 23
      3. Dialektik unter den Tarifpartnern 24
        a) Gewerkschaftliche Forderung nach einer ausdrücklichen Streikgarantie 24
        b) Der Antrag des Landes Hessen und Art. 29 Abs. 5 HV 25
        c) Das Arbeitgeberpostulat der Waffengleichheit 26
      4. Änderung des RE III 26
        a) Einige unberücksichtigte Vorschläge 26
        b) Die textliche und systematische Änderung 27
        c) Verabschiedung des geänderten RE III 27

§ 3 *Erfahrungen der Notstandsgesetzgebung* 27

    1. Grundgesetz und Notstandsverfassung 27
    2. Zusammenfassung entstehungsgeschichtlicher Einzelergebnisse 29

Zweites Kapitel

Das Arbeitskampfrecht im „Notstandsfall" ... 31

§ 4 Schutzobjekt des Art. 9 Abs. 3 S. 3 GG ... 31

  I. Arbeitskämpfe ... 31
    1. Verfassungsrechtlicher Zentralbegriff ... 31
    2. Arbeitskampfdefinition ... 31
       a) Die Parteien des Arbeitskampfes ... 31
       b) Die Arbeitskampfmittel ... 33
       c) Versuch einer Definition ... 33
    3. Notstandsrechtliche Folgerungen ... 35
       a) Typenfreiheit ... 35
       b) Gleichbehandlung und Gleichwertigkeit ... 36
       c) Tatbestandsgrenzen ... 37
  II. Wahrung und Förderung von Arbeits- und Wirtschaftsbedingungen ... 38
    1. Arbeits- und Wirtschaftsbedingungen ... 38
       a) Art. 9 Abs. 3 S. 3 und Abs. 3 S. 1 GG ... 38
       b) Das Interessengebiet ... 38
       c) Der Interessengegner ... 40
    2. Der arbeitspolitische Arbeitskampf ... 41
       a) Isolierte Betrachtungsweise ... 41
       b) Die vorgefundenen Meinungen ... 42
       c) Synoptische Betrachtungsweise ... 43
    3. Ausgangsfragen zur Behandlung von Grenzproblemen ... 45
    4. Rechtliche Unmöglichkeit ... 46
       a) Anfängliche rechtliche Unmöglichkeit ... 47
       b) Nachträgliche rechtliche Unmöglichkeit ... 48
       c) Teilweise rechtliche Unmöglichkeit ... 49
    5. Tatsächliche Unmöglichkeit ... 49
       a) Anfängliche tatsächliche Unmöglichkeit ... 49
       b) Teilweise tatsächliche Unmöglichkeit ... 51
       c) Nachträgliche tatsächliche Unmöglichkeit ... 51
    6. Kampfregeln ... 52
       a) Das Mißbrauchsverbot ... 53
       b) Orientierung an volkswirtschaftlichen Daten? ... 53
       c) Instandhaltungsarbeiten ... 54
  III. „Vereinigungen im Sinne des Satzes 1" ... 55
    1. Der Koalitionsbegriff ... 55
       a) Art. 9 Abs. 3 S. 3 und Abs. 3 S. 1 GG ... 55
       b) Die Koalitionsaufgabe ... 55
       c) Koalitionsmerkmale ... 56
    2. Der wilde Streik ... 57
    3. Die „wilde" Aussperrung ... 59
  IV. Das Verhältnis zwischen Notstandsfestigkeit und der Rechtmäßigkeit von Arbeitskämpfen ... 60

1. Notstandsfestigkeit rechtswidriger Arbeitskämpfe? 60
2. Identität der Schutz- und Rechtmäßigkeitsvoraussetzungen .. 61

V. Zusammenfassung 64

§ 5 Schutzfunktion des Art. 9 Abs. 3 S. 3 GG 65

I. Schutz vor zielgerichtetem Gebrauch bestimmter Notstandssondervollmachten 65
  1. Notstandsfälle und Notstandssondervollmachten 65
  2. Die einzelnen Notstandssondervollmachten 66
    a) Zwangsverpflichtungen 66
    b) Katastrophenschutz 67
    c) Amtshilfe gegen innere Unruhen 67
  3. Limitative Enumeration der Notstandsmaßnahmen 67
  4. Die Zielgerichtetheit bestimmter Notstandsmaßnahmen 68

II. Auswirkungen von Notstandsmaßnahmen auf Streiks und Aussperrungen 70
  1. Fragen nach der unmittelbaren Bedeutung des Art. 9 Abs. 3 S. 3 GG 70
  2. Betroffenheit von Aussperrungen 70
  3. Betroffenheit von Streiks 72

III. Notstand durch Arbeitskampf 73
  1. Notstandsverursachende rechtmäßige Arbeitskämpfe? 73
    a) Arbeitskampf und Art. 12 a Abs. 3 bis 6 GG 73
    b) Arbeitskampf und Art. 35 Abs. 2 und Abs. 3 GG 74
    c) Arbeitskampf und Art. 87 a Abs. 4 und Art. 91 GG 74
  2. Ein praktischer Grenzfall 75
  3. Notstand und Rechtmäßigkeit des Arbeitskampfes 76

IV. Arbeitskampf im Notstand 76
  1. Parallelität von Arbeitskampf und Notstand 76
  2. Praktische Fälle 77
    a) Beispiel 1 77
    b) Beispiel 2 77
    c) Beispiel 3 77
  3. Notstand und Rechtmäßigkeit des Arbeitskampfes 78
    a) Der notstandsneutrale Arbeitskampf 78
    b) Der im Notstand hinderliche Arbeitskampf 78
    c) Der notstandsverschärfende Arbeitskampf 79

V. Zusammenfassung 79

§ 6 Schutzqualität des Art. 9 Abs. 3 S. 3 GG 79

I. Der positive Regelungsinhalt 79
II. Der negative Regelungsinhalt 80
III. Leerlauf des Gesetzes 80

Drittes Kapitel

Das Arbeitskampfrecht der „Normallage" — 82

§ 7 Arbeitskampfgarantie — 82

  I. Die vorgefundenen Meinungen — 82
    1. Beurteilung der Arbeitskampffreiheit vor Art. 9 Abs. 3 S. 3 GG — 82
    2. Die Arbeitskampffreiheit aus der Sicht des Art. 9 Abs. 3 S. 3 GG — 85

  II. Die Zulässigkeit mittelbarer Folgerungen aus Art. 9 Abs. 3 S. 3 GG — 87
    1. Historische und logische Interpretation — 87
    2. Formulierung und Stellung der Schutzklausel — 88
    3. Teleologische Gesichtspunkte — 89

  III. Verfassungsrechtliche Gewährleistung der Arbeitskampffreiheit — 90
    1. Die prinzipielle Verfassungsrelevanz — 90
    2. Positiver Gewährleistungseffekt — 91
    3. Das Schutzgut verfassungsrechtlicher Gewährleistung — 93

§ 8 Inhalt und Schranken der Arbeitskampfgarantie — 94

  I. Arbeitskampfrecht oder Einrichtungsgarantie? — 94
    1. Der kollektive Gehalt des Art. 9 Abs. 3 S. 3 GG — 94
    2. Subjektiv-öffentliches „Gruppengrundrecht"? — 95
    3. Die Arbeitskampfgarantie im Hinblick ihrer Plazierung — 96

  II. Die Schranken der Arbeitskampfgarantie — 97
    1. Schrankenziehung durch einfach-gesetzliche Regelungskompetenzen — 97
      a) Allgemein-gesetzliche Regelungskompetenz — 97
      b) Organisatorische Regelungskompetenz — 98
    2. Die vorgefundenen Kompetenzbeschränkungen — 98
      a) Die „allgemeinen" Gesetze — 98
      b) Wesensgehaltsgarantie und übergreifende Verfassungsprinzipien — 99
    3. Besondere Kompetenzbeschränkungen durch Art. 9 Abs. 3 S. 3 GG — 99

  III. Das Aussperrungsverbot der Hessischen Verfassung — 101
    1. Kollektives Aussperrungsverbot und Art. 9 Abs. 3 S. 3 GG — 101
    2. Individualaussperrung und Art. 9 Abs. 3 S. 3 GG — 102
    3. Verfassungskonforme Auslegung — 102

§ 9 Thesen — Eine Bilanz der wesentlichsten Untersuchungsergebnisse — 103

  I. Notstandsrechtliche Ergebnisse — 103
  II. Ergebnisse für die Normallage — 105

Literaturverzeichnis — 108

Abkürzungsverzeichnis

AcP	Archiv für die civilistische Praxis (Zeitschrift)
a. E.	am Ende
AFG	Arbeitsförderungsgesetz vom 25. 6. 1969
AöR	Archiv des öffentlichen Rechts (Zeitschrift)
AR-Blattei	Arbeitsrecht-Blattei, Handbuch für die Arbeitsrechtspraxis
ArbGG	Arbeitsgerichtsgesetz vom 3. 9. 1953
ASG	Arbeitssicherstellungsgesetz vom 9. 7. 1968
AuR	Arbeit und Recht (Zeitschrift)
BAG	Bundesarbeitsgericht
BAGE	amtliche Sammlung bundesarbeitsgerichtlicher Entscheidungen
BayABl.	Amtsblatt des bayerischen Staatsministers für Arbeit und Soziales
BB	Der Betriebs-Berater (Zeitschrift)
BGBl	Bundesgesetzblatt (Zeitschrift)
BGH	Bundesgerichtshof
BGHSt	amtliche Entscheidungssammlung des Bundesgerichtshofs für Strafsachen
BGHZ	amtliche Entscheidungssammlung des Bundesgerichtshofs für Zivilsachen
BK	Bonner Kommentar
BTDruck.	Bundestagsdrucksache; zitiert nach Wahlperiode und Seite
BVerfG	Bundesverfassungsgericht
BVerfGE	amtliche Sammlung bundesverfassungsgerichtlicher Entscheidungen
DöV	Die öffentliche Verwaltung (Zeitschrift)
DB	Der Betrieb (Zeitschrift)
DRdA	Das Recht der Arbeit (Zeitschrift)
ESG	Ernährungssicherstellungsgesetz vom 24. 8. 1965
GG	Grundgesetz für die Bundesrepublik Deutschland vom 23. 5. 1949
GMH	Gewerkschaftliche Monatshefte (Zeitschrift)
GS	Großer Senat
h. A.	herrschende Ansicht
h. L.	herrschende Lehre
h. M.	herrschende Meinung

JBl	Juristische Blätter
i. d. F.	in der Fassung
JR	Juristische Rundschau (Zeitschrift)
IS	Informationssitzung
i. S. d.	im Sinne des
JuS	Juristische Schulung (Zeitschrift)
JZ	Juristenzeitung (Zeitschrift)
KSchG	Kündigungsschutzgesetz vom 10. 8. 1951 i. d. F. vom 25. 8. 1969
lit.	litera
M	Mitte
m. w. N.	mit weiteren Nachweisen
öff.	öffentlich, -e, -es
PersVG	Personalvertretungsgesetz des Bundes vom 5. 8. 1955
Prot.	Protokolle der öffentlichen Informationssitzungen des Rechts- und Innenausschusses; zitiert nach Nummern, Sitzungen und Seiten
RA	Rechtsausschuß
RAG	Reichsarbeitsgericht; amtliche Entscheidungssammlung
RdA	Recht der Arbeit (Zeitschrift)
RE	Regierungsentwurf
RN	Randnummer
RSpr.	Rechtsprechung
SchwBeschG	Schwerbeschädigtengesetz vom 16. 6. 1953 i. d. F. vom 14. 8. 1961
Sten. Ber.	Verhandlungen des Deutschen Bundestages — Stenographische Berichte; zitiert nach Wahlperiode und Seite
Tl.	Teil
TVG	Tarifvertragsgesetz vom 9. 4. 1949 i. d. F. vom 25. 8. 1969
VSG	Verkehrssicherstellungsgesetz vom 24. 8. 1965
WSG	Wirtschaftssicherstellungsgesetz vom 24. 8. 1965

Erstes Kapitel

Grundlagen

§ 1 Problemstellung

1. Art. 9 Abs. 3 S. 3 GG

Gegenstand der Untersuchung sind verfassungsrechtliche Grundfragen des Arbeitskampfrechts. Diese in der Vergangenheit viel diskutierten Fragen haben sich neu gestellt durch das Notstandsrecht, wie es im 17. Gesetz zur Ergänzung des Grundgesetzes vom 24. 6. 1968[1] enthalten ist.

§ 1 dieses Gesetzes hat den Art. 9 Abs. 3 GG durch einen Satz 3 ergänzt. Er lautet:

„Maßnahmen nach den Art. 12a, 35 Abs. 2 und 3, Art. 87a Abs. 4 und Art. 91 dürfen sich nicht gegen Arbeitskämpfe richten, die zur Wahrung und Förderung der Arbeits- und Wirtschaftsbedingungen von Vereinigungen im Sinne des Satzes 1 geführt werden."

2. Problem und Gliederung

Es wird Aufgabe sein, die Bedeutung dieses Art. 9 Abs. 3 S. 3 GG für das Arbeitsrecht zu ermitteln. Es soll untersucht werden, ob und in welchem Sinn das bisherige Arbeitskampfrecht der Bundesrepublik Deutschland durch die Ergänzung des Grundgesetzes inhaltlich verändert worden ist, wobei insbesondere zu prüfen sein wird, ob der Verfassungsgesetzgeber bisher streitige Fragen nunmehr in der einen oder anderen Richtung entschieden hat.

Auf die Sonderproblematik des neugeschaffenen Art. 20 GG war nicht einzugehen.

Die Aussage des Art. 9 Abs. 3 S. 3 GG zielt in zweifache Richtung: Art. 9 Abs. 3 S. 3 GG regelt unmittelbar zunächst bestimmte Beziehungen des Notstandsrechts zum Arbeitskampfrecht. Für die grundsätzliche Behandlung des Arbeitskampfrechts wesentlich wichtiger sind jedoch

---

[1] BGBl I (1968), S. 709.

die Schlußfolgerungen, die die neue Regelung auf die allgemeine Stellung des Arbeitskampfrechts im Rahmen des Grundgesetzes zuläßt. Damit ist der Untersuchung notwendig eine Zweiteilung aufgegeben: zunächst wird von der direkten Aussage des Art. 9 Abs. 3 S. 3 GG für den „Notstandsfall" zu handeln sein, während der weiteren Untersuchung die indirekte Aussage für die „Normallage" vorbehalten ist.

3. Induktive Untersuchungsmethode

Es ist behauptet worden, daß die Arbeitsrechtswissenschaft heute mangels Theorie und Methodik eine der unkritischsten Wissenschaften überhaupt sei, geleitet von Mentalitäten und Wünschen statt von politisch und verfassungsrechtlich gebändigten Auseinandersetzungsprozessen; kurzum: von blanker voluntas, nicht von kritischer ratio[2]. Auch wegen der modernen interpretationstheoretischen, speziell für das Verfassungsrecht geltenden Einsicht, daß die Generalklauseln betreffend Würde, Freiheit, Gleichheit, Rechts- und Sozialstaatlichkeit so unbestimmt seien, daß mit Hilfe herkömmlicher Interpretationsregeln[3] beinahe jedes gewünschte Ergebnis hervorinterpretiert werden könne[4], will sich diese Untersuchung einer kritischen Anmerkung nicht verschließen.

Klarheit über den Inhalt einer Verfassungsnorm ist nur zu gewinnen, wenn Klarheit über das erkenntnistheoretische Verfahren besteht. Vorfrage jeder Interpretation, nenne sie sich „topisch"[5] oder „herkömmlich", ist jedoch die Bestimmung des Bezugsortes, von dem aus das interpretierende Verfahren wirksam werden soll.

Da sich diese Arbeit zur Aufgabe gestellt hat, die für den „Normalfall" geltende arbeitskampfrechtliche Verfassungslage unter dem Blickwinkel des Art. 9 Abs. 3 S. 3 GG zu untersuchen, handelt es sich um den Versuch, im Wege der Induktion vom geregelten Fall der verfassungsrechtlichen Ausnahmelage her für den von Verfassungs wegen lückenhaft geregelten allgemeinen Fall der verfassungsrechtlichen Normallage Folgerungen zu ziehen. Demgemäß wäre es eine unzulässige petitio principii und ein Widerspruch zur induktiven Methode, umstrittene Fragen der Normallage als unstrittig in die Ausnahmelage zu projizieren, um den sonach bestimmten Norminhalt des Art. 9 Abs. 3 S. 3 GG neuerlich als

---

[2] *Wiethölter*, S. 290, 292 f.

[3] Zur grammatischen, logischen, systematischen, teleologischen und historischen Verfassungsinterpretation vgl. *Forsthoff*, Verfassungsauslegung, S. 39 ff. — Vgl. dazu den kritischen Überblick bei *Hesse*, S. 23 f. und allgemeiner: *Engisch*, S. 88 ff.; *Gadamer*, S. 292; *Larenz*, S. 291.

[4] *Kriele*, S. 263; so bereits auch *Esser*, S. 150 ff.

[5] Vgl. zum Denkstil der Topik: *Bäumlin*, S. 27 f.; *Hennis*, S. 89 ff.; *Kriele*, S. 114 ff.; *F. Müller*, S. 56 ff.; *Vieweg*, S. 17 ff.

Erkenntnis für die Normallage zu verwerten[6]. Bei der Bestimmung des Norminhalts von Art. 9 Abs. 3 S. 3 GG kann deshalb nicht von der bisherigen Rechtslage des Arbeitskampfrechts vor der Grundgesetzergänzung ausgegangen werden[7], wenn dieser Norminhalt seinerseits Aufschluß über die Rechtslage im Normalfall geben soll. Ausgangspunkt kann nur der Ausnahmefall sein, insbesondere wenn sich herausstellt, daß der verfassungsändernde Gesetzgeber vor der Grundgesetzergänzung auf eine Definition der bestehenden Rechtslage verzichtet haben sollte.

Freilich ist damit über die Zuverlässigkeit einzelner Schlußfolgerungen noch nichts gesagt. Sie soll von Fall zu Fall überprüft werden[8].

Das BVerfG, das sich ausdrücklich zu den herkömmlichen Auslegungsregeln bekannt hat, entschied sich im Wesentlichen für die „objektive Theorie" der Interpretation, wonach für die Auslegung einer Gesetzesvorschrift primär der in ihr zum Ausdruck kommende objektivierte Wille des Gesetzgebers entscheidend ist, nicht dagegen die subjektive Vorstellung der am Gesetzgebungsverfahren beteiligten Organe oder einzelner ihrer Mitglieder über die Bedeutung der Bestimmung[9].

Dennoch kommt der Entstehungsgeschichte einer Vorschrift Bedeutung insofern zu, als sie die Richtigkeit der nach „objektiven" Grundsätzen ermittelten Auslegung bestätigt oder letzte Zweifel behebt. Da die Entstehungsgeschichte zumindest indiziellen Wert besitzt, soll mit ihrer Darstellung die Problemlage skizziert werden[10].

§ 2 Entstehungsgeschichte des Art. 9 Abs. 3 S. 3 GG

I. Der erste Regierungsentwurf

1. Vorbemerkung

Art. 9 Abs. 3 S. 3 GG wurde durch das siebzehnte Gesetz zur Ergänzung des Grundgesetzes in die Verfassung eingefügt[1]. Dieses Gesetz stellt das

---

[6] Wie dies z. B. bei Rüthers, DB 1968, 1948 (1951) anklingt, wenn er die Arbeitskampffreiheit auch in der Ausnahmelage deshalb für beschränkbar erklärt, weil dies in der Normallage ebenso der Fall sei.

[7] Was freilich nicht hindert, auf die Rechtslage vor der Grundgesetzänderung dann und insoweit zu rekurrieren, als diese von der neuen Gesetzesbestimmung selbst und ausdrücklich in bezug genommen wird; — s. u. § 4 II 1a und III 1a.

[8] s. u. § 7 II 1 - 3.

[9] BVerfGE 1, 299 (312); 6, 55 (75); 10, 234 (244); 11, 126 (130).

[10] Sie erhebt nicht den Anspruch auf Vollständigkeit, da in Anbetracht der Problemstellung die arbeitskampfrechtlichen Inhalte der Entstehungsgeschichte in den Vordergrund zu rücken waren.

[1] BGBl I (1968), S. 709.

Kernstück der Notstandsgesetzgebung dar. Es hat die Verfassungslage in der Bunderepublik Deutschland einschneidend verändert:

insgesamt wurden achtundzwanzig Verfassungsartikel eingefügt, geändert oder gestrichen[2].

Keinem anderen verfassungsändernden Gesetz ging eine ähnlich heftige wie langwierige Diskussion voraus. Dabei haben sich Rechtslehre und Gesetzgebungspraxis seit Beginn der Notstandsdiskussion Anfang der sechziger Jahre mit der rechtspolitischen Frage beschäftigt, wie der Arbeitskampf im Rahmen der Notstandsregelung zu behandeln sei[3].

2. Entstehung und Regelungsinhalt

Der erste Versuch zur Ergänzung des Grundgesetzes reicht bis in den III. Deutschen Bundestag zurück[4]. Erstmals am 30. 10. 1958 hat der damalige Bundesinnenminister öffentlich auf die Notwendigkeit einer Ergänzung hingewiesen. Ein zehn Artikel umfassendes Papier des Innenministeriums war am 18. 12. 1958 Gegenstand von Besprechungen zwischen dem Bundeskanzler und den Ministerpräsidenten der Länder. Ein offizieller erster Regierungsentwurf eines Gesetzes zur Ergänzung des Grundgesetzes[5] wurde am 5. 2. 1960 dem Bundesrat zugeleitet und am 20. 4. 1960 von der Bundesregierung im Bundestag eingebracht.

In dem ins Grundgesetz einzufügenden Art. 115 a hatte der RE I den ganzen Art. 9 GG zur Disposition gesetzesvertretender Verordnungen der Bundesregierung gestellt[6]. Hierbei war in der amtlichen Begründung allerdings nicht auf die Koalitionsfreiheit abgehoben worden[7]. Es hatte dort lediglich gestanden, Einschränkungen der Versammlungs- und der Vereinsfreiheit müßten unter Umständen über die Art. 8 und 9 GG hinaus verfügt werden können; auch könne sich die Bildung von Zwangsverbänden als notwendig erweisen. Demgegenüber war vom Bundesrat

---

[2] Vgl. den Überblick über die Änderungen bei *Maunz-Dürig*, Art. 115 a RN 9 f.

[3] Vgl. nur *Benda*, Notstandsverfassung und Arbeitskampf, S. 5 ff.; *Benda*, Die Notstandsverfassung, S. 97 (102); *Bettermann*, S. 219 f.; *Evers*, Notstandsverfassung, S. 1, 191 (201 f.); *H. Schäfer*, S. 37 (78); *Seifert*, S. 159 ff.; *Weber*, S. 48 ff.

[4] Absolute parlamentarische Mehrheit der CDU/CSU.

[5] Sog. Schröder-Entwurf vom 13. 1. 1960, BTDruck. III/1800; im Folgenden als RE I bezeichnet.

[6] Art. 115 a Abs. 4 RE I: „Während des Ausnahmezustandes ist die Bundesregierung ermächtigt, 1. gesetzesvertretende Verordnungen zu erlassen... 2. in solchen Verordnungen a. für die Dauer des Ausnahmezustandes die Grundrechte aus Art. 5, 8, 9, 11 und 12 über das sonst vorgesehene Maß einzuschränken..."

[7] Vgl. BTDruck. III/1800, S. 4.

gefordert worden[8], die von Vereinigungen des Art. 9 Abs. 3 GG geführten Arbeitskämpfe vor der Anwendung der Ausnahmevorschriften zu schützen. Ein Eingriff in die Koalitionsfreiheit des Art. 9 Abs. 3 GG sei nicht zu ermöglichen, höchstens eine Beschränkung der allgemeinen Vereinigungsfreiheit i. S. d. Art. 9 Abs. 1 GG. Die Bundesregierung hatte hierauf in sehr allgemeiner Form erwidert, daß im Einzelfalle Arbeitskämpfe zu einer Gefährdung des Bestandes des Staates oder der freiheitlichen Grundordnung führen könnten und deshalb staatliches Einschreiten möglich sein müsse[9].

Der RE I, der insbesondere auch in terminologischer Hinsicht angefeindet wurde, weil er nicht zwischen Staatsnotstand und Verfassungsstörung unterschied, gelangte nicht über die erste Lesung im Bundestag vom 18. 9. 1960 hinaus[10]. Nachdem ihn der federführende Rechtsausschuß nicht mehr behandelte, wurde er am Ende der dritten Wahlperiode gegenstandslos.

II. Der zweite Regierungsentwurf

1. Entstehung und Regelungsinhalt

Erst nach Jahren legte in der vierten Wahlperiode die „kleine"[11] Koalitionsregierung dem Bundesrat am 8. 11. 1962 einen wesentlich veränderten Entwurf vor[12]. Er wurde am 11. 1. 1963 beim Bundestag eingebracht und von diesem — gleichzeitig mit einer Reihe einfacher Notstandsgesetze — am 24. 1. 1963 in erster Lesung behandelt.

Während der RE I die Notstandsregelungen noch in einem einzigen Artikel des Grundgesetzes zusammenzufassen suchte, enthielt der RE II eine detaillierte Regelung in zwölf Artikeln. Unter Berücksichtigung der vom Bundesrat ausgegangenen Anregungen wurde im RE II auf eine außergewöhnliche Beschränkbarkeit der Koalitionsfreiheit verzichtet. Der geplante Art. 115b Abs. 2 lit. a sah für den Zustand der äußeren Gefahr unter anderem eine Einschränkung der Grundrechte aus Art. 5, 8, 9 Abs. 1 und 2 sowie Art. 11 vor. Die Art. 2 und 9 Abs. 3 waren nicht genannt. Sie waren erst recht nicht in den Bestimmungen über den Zustand der inneren Gefahr und den Katastrophenzustand[13] als beschränkbar aufgeführt.

---

[8] BTDruck. III/1800, S. 7.
[9] BTDruck. III/1800, S. 7.
[10] Vgl. die Kritik von *Arndt*, S. 36 ff.; *Hesse*, JZ 1960, 105 ff.; *Martens*, S. 76 ff.
[11] Bestehend aus CDU/CSU und FDP.
[12] Sog. Höcherl-Entwurf vom 31. 10. 1962, BTDruck. IV/891; im Folgenden als RE II bezeichnet.
[13] Art. 115 k und 115 m RE II.

Der Verzicht auf die Beschränkbarkeit der Koalitionsfreiheit war damit begründet worden, daß bereits die Befugnisse des einfachen Gesetzgebers ausreichten, hinsichtlich einer Begrenzung der Koalitionsfreiheit alles im Notstand Erforderliche tun zu können[14].

2. Änderung des RE II

Der RE II überwand zahlreiche parlamentarische Hürden während der überaus gründlichen Ausschußberatungen. Federführend war der Rechtsausschuß, der allein für diesen Entwurf von Mai 1963 bis 1965 achtunddreißig Sitzungen mit mehr als einhundertfünfzig Beratungsstunden verwandte; mitberatend waren die Ausschüsse für Inneres und Verteidigung.

Aus den Beratungen des Rechtsausschusses[15] ging der RE II, soweit er den Zustand äußerer Gefahr betraf, unverändert hervor[16]. Für den Zustand der inneren Gefahr war ein Art. 91 neu formuliert worden. Nach dessen Abs. 6 sollten die in Art. 91 Abs. 1 bis 5 statuierten Sonderbefugnisse[17] keine Anwendung finden auf Arbeitskämpfe, die zur Wahrung und Förderung der Arbeits- und Wirtschaftsbedingungen von Vereinigungen i. S. d. Art. 9 Abs. 3 GG geführt werden[18].

Dieser Bestimmung widerfuhr eine recht unterschiedliche Beurteilung. Sie wurde einerseits überflüssig[19], andererseits gefährlich[20] genannt.

---

[14] Vgl. die amtliche Begründung in BTDruck. IV/891, S. 10; ferner den Staatssekretär Dr. *Schäfer* im Bulletin des Presse- und Informationsamtes der Bundesregierung Nr. 78 vom 14. 5. 1964, S. 706; *Höcherl* bei der 1. Lesung des RE II im Plenum des Bundestages, Sten. Ber. IV. Wahlperiode, S. 2485, 2531.

[15] Vgl. dessen schriftl. Bericht in BTDruck. IV/3494 und BTDruck. zu IV/3494 vom 31. 5. 1965.

[16] Vgl. Art. 115 d Abs. 2 in dem vom RA geänderten RE II; BTDruck. IV/3494.

[17] Die vornehmlich polizeiexekutivischen Charakter trugen.

[18] Der erwähnten Fassung des RE II hat *Evers* in AöR 91, S. 1 ff., 193 ff. eine Abhandlung unter dem Titel „Die perfekte Notstandsverfassung" gewidmet. Er sieht im RE II den Versuch eines politischen Kompromisses, der einen perfekten Ausgleich zwischen Effektivität und Sekurität erstrebe, dessen „ans Monströse grenzenden Differenzierungen und Vorbehalte jedoch nicht stets zu Ende gedacht und präzis genug formuliert seien".
Bettermann, S. 193, sagte über den RE II, er verfahre eher zu zaghaft als zu energisch bei der Anpassung der freiheitlich demokratischen Friedensgrundordnung an die Erfordernisse und Verhältnisse kalter und heißer Kriege moderner Art. Vgl. ferner *Benda*, Die Notstandsverfassung, a.a.O.; *F. Schäfer*, Notstandsgesetze, a.a.O.; *Seifert*, Gefahr im Verzuge, S. 108 ff.; zuletzt *Lohse*, S. 125 ff.

[19] *Evers*, Notstandsverfassung, S. 202: Art. 91 Abs. 6 RE II laufe leer und könne gestrichen werden.

[20] Dies zeigen die Bedenken *Bendas*, Notstandsverfassung und Arbeitskampf, S. 31: „Schwierigkeiten könnten sich ergeben, wenn Art. 91 Abs. 6 RE II besagen solle, daß ein Arbeitskampf selbst unter den extremen Voraussetzungen eines inneren Notstandes stets zulässig sein solle, ohne daß der Gesetzgeber z. B.

Letzten Endes waren aber auch diese Bemühungen um einen Kompromiß vergebens: der vom Rechtsausschuß geänderte RE II wurde dem Plenum unter dem 31. 5. 1965 zugeleitet. Der Bundestag nahm ihn am 24. 6. 1965 an. Jedoch erhielt die Vorlage nicht die in der dritten Beratung erforderliche Zweidrittelmehrheit nach Art. 79 Abs. 2 GG[21].

III. Der dritte Regierungsentwurf

1. Entstehung und Regelungsinhalt

In der fünften Wahlperiode legte die „große"[22] Koalitionsregierung einen dritten Regierungsentwurf vor[23]. Er wurde beim Bundesrat am 6. 4. 1967 und beim Bundestag am 13. 4. 1967 eingebracht. Der Bundestag hat ihn in seiner einhundertsiebzehnten Sitzung am 29. 6. 1967 in erster Lesung behandelt und dem Rechtsausschuß federführend, dem Innenausschuß mitberatend überwiesen. Unter dem 2. 10. 1967 wurde dem Bundestag außerdem von einzelnen Mitgliedern und der FDP-Fraktion der „Entwurf eines Gesetzes zur Sicherung der rechtsstaatlichen Ordnung im Verteidigungsfall" zugeleitet[24]. Dieser Entwurf wurde in der einhunderteinundzwanzigsten Sitzung des Bundestages am 4. 10. 1967 an die gleichen Ausschüsse überwiesen.

Der Rechtsausschuß hat beide Vorlagen in der Zeit vom 7. 9. 1967 bis 9. 5. 1968 während zwanzig Sitzungen behandelt, darunter fünf öffentlichen, gemeinsam mit dem Innenausschuß abgehaltenen Informationssitzungen, in denen Persönlichkeiten aus verschiedenen Bereichen des öffentlichen Lebens angehört wurden. Der Innenausschuß hat sich in insgesamt elf Sitzungen mit den Vorlagen befaßt und seine Beschlüsse unter dem 5. 4. 1968 dem Rechtsausschuß mitgeteilt.

Der RE III fußte weitgehend auf den Beratungsergebnissen im IV. Deutschen Bundestag. Er verarbeitete die Ergebnisse von Fühlungnahmen der Bundesregierung mit den Parteien, Vertretern des Bundesrats, den Innenministern der Länder sowie Vertretern der Gewerkschaften und suchte die Erfahrungen der im Oktober 1966 im NATO-Rahmen ab-

---

dafür sorgen dürfte, daß Streitigkeiten von untergeordneter Bedeutung zurückgestellt würden, bis die viel größere Gefahr beseitigt sei. Damit wäre gegen die überlegte Entscheidung des Parlamentarischen Rates, den Arbeitskampf im GG nicht ausdrücklich zu gewährleisten, auf dem Umweg über die Notstandsverfassung eine verfassungsmäßige Gewährleistung des Rechts zum unbeschränkten Arbeitskampf ins GG aufgenommen."
[21] Weil die damalige SPD-Opposition ihre Zustimmung versagte.
[22] Bestehend aus CDU/CSU und SPD.
[23] Sog. Lücke-Entwurf vom 10. 3. 1967; BTDruck. V/1879, im Folgenden als RE III bezeichnet.
[24] Sog. FDP-Entwurf; BTDruck. V/2130.

gehaltenen Stabsübung FALLEX 66[25] zu berücksichtigen. Er bildet die Grundlage für das siebzehnte Gesetz zur Ergänzung des Grundgesetzes, gleichwohl er im Bundestag in entscheidenden Punkten verändert oder ergänzt wurde. Er war trotz prinzipieller Einigkeit innerhalb der großen Koalition bis zuletzt heiß umstritten. Namentlich die Gewerkschaften haben ihn mit Entschiedenheit bekämpft.

Der RE III suchte bei der Beschränkung von Grundrechten, insbesondere denen aus Art. 9 GG größte Zurückhaltung zu üben. Während der RE II für den Zustand äußerer Gefahr noch eine Beschränkbarkeit der negativen Vereinigungsfreiheit nach Art. 9 Abs. 1 GG vorsah, wurde diese Möglichkeit jetzt nicht mehr für erforderlich erachtet[26]. Ferner war keine Beschränkung der durch Art. 9 Abs. 3 GG garantierten Koalitionsfreiheit beabsichtigt; Art. 91 Abs. 4 RE III enthielt vielmehr eine Vorschrift über Arbeitskämpfe, die mit dem Wortlaut des in den geänderten RE II eingeführten Art. 91 Abs. 6 nahezu identisch ist. Danach sollten wiederum Arbeitskämpfe, die von Vereinigungen i. S. d. S. 1 geführt werden, von den vorwiegend polizei-exekutivischen Maßnahmen des Art. 91 Abs. 1 bis 3 RE III ausgenommen bleiben.

Die für und wider eine Notstandsregelung mit arbeitskampfrechtlichem Bezug ins Feld geführten Argumente sind vielfältig; sie sind geprägt durch die Dialektik zwischen Staat und Tarifpartnern sowie den Tarifpartnern untereinander.

2. Dialektik zwischen Staat und Tarifpartnern

a) Zielsetzung und Einstellung

Die Bundesregierung verfolgte mit dem Vorschlag einer Notstandsverfassung erklärtermaßen drei gleichrangige Ziele[27]. Der Staat sollte die Möglichkeit erhalten, in den Zeiten der Not eine dem Ausmaß der Bedrohung angemessene Abwehr zu verwirklichen, bei der das zum Schutz der Bevölkerung Erforderliche rasch und wirksam geschieht. Gleichzeitig sollte die vollständige Ablösung der noch fortgeltenden alliierten Sicherheitsvorbehalte[28] bewirkt werden; ferner die Gewährleistung, daß auch in Notzeiten die freiheitliche Lebensordnung in ihrem

---

[25] Vgl. die amtlichen Ausführungen in BTDruck. V/1879, S. 15.
[26] Vgl. die Einbringungsrede *Lückes* bei der 1. Lesung des Bundestages, Sten. Ber., V. Wahlperiode, S. 5860 C: Die Zurückhaltung des RE II „ist die Frucht der Erfahrungen aus der NATO-Stabsübung FALLEX 66. Die Bundesregierung hat die Überzeugung gewonnen, daß solche Einschränkungen nicht zwingend geboten sind"; — vgl. dazu die kritischen Zweckmäßigkeitserwägungen bei *H. Schäfer*, S. 74 f.
[27] Vgl. die amtliche Begründung zum RE III in BTDruck. V/1879, S. 16.
[28] Nach Art. 5 Abs. 2 des Deutschlandvertrages.

Wesen erhalten bleibt und daß die in Normalzeiten geltende Verfassungsordnung nach Beendigung der Notlage schnellstmöglich wieder hergestellt wird[29].

Auch bei den Gewerkschaften wurde die Notwendigkeit einer Vorsorge für den Notstand anerkannt, jedoch gleichzeitig die Auffassung vertreten, daß entweder die bereits bestehenden Gesetze ausreichten[30] oder daß Notstandsmaßnahmen, zumindest für den Zustand innerer Gefahr, keiner verfassungsmäßigen Grundlage bedürften[31].

Die grundsätzliche Einstellung des DGB zur Notstandsgesetzgebung ist in den Beschlüssen der Bundeskongresse und zuletzt in der Entschließung des Bundesausschusses des DGB vom 5. 7. 1967 niedergelegt worden. Der Kernsatz lautet: „Die Gewerkschaften lehnen jede Notstandsgesetzgebung ab, welche die demokratischen Grundrechte einschränkt und besonders das Streik- und Koalitionsrecht der Arbeitnehmer und ihrer gewerkschaftlichen Organisationen bedroht[32]."

b) Bedenken der Gewerkschaften

Die Vertreter der Arbeitnehmerorganisationen erblickten im RE III eine Aufhebung oder zumindest eine Beschränkung des Koalitions- und Streikrechts, wenn nicht de jure, so doch de facto:

1. Freiheit und Rechtsstaatlichkeit seien immer dann gefährdet, wenn man besonders in Kriegs- und Krisenzeiten glaube, sich nicht auf die Selbstbeschränkung der Gewerkschaften und die Freiwilligkeit der Arbeitsleistungen verlassen zu können und deshalb notgedrungen diese Freiwilligkeit beseitigen zu müssen[33].

2. Jede Bedrohung des Streik- und Koalitionsrechts müsse als Angriff gegen die Existenz der Gewerkschaften und ihrer Tarifautonomie und damit als Bedrohung der freiheitlich-demokratischen Grundordnung selbst verstanden werden[34].

---

[29] Vgl. *Benda*, Prot. Nr. 55/71 (1. öff. IS.), S. 1 ff.
[30] Vgl. *Brenner*, Prot. Nr. 57/73 (2. öff. IS.), S. 41 ff. und *Reuter*, Prot. Nr. 62/77 (5. öff. IS.), S. 20 Sp. 2.
[31] Vgl. *Apel*, Prot. Nr. 57/73 (2. öff. IS.), S. 79 Sp. 2; *Apel*, Prot. Nr. 62/77 (5. öff. IS.), S. 32 Sp. 2; *Rosenberg*, Prot. Nr. 57/73 (2. öff. IS.), S. 28 Sp. 2 und demgegenüber *Rosenberg*, S. 29 Sp. 2 ebenda. — Vgl. auch *Zweigert*, Prot. Nr. 57/73 (2. öff. IS.), S. 95 Sp. 2.
[32] Vgl. *Rosenberg*, Prot. Nr. 57/73 (2. öff. IS.), S. 16 Sp. 2.
[33] *Brenner*, Prot. Nr. 57/63 (2. öff. IS.), S. 42 Sp. 1; *Reuter*, Prot. Nr. 62/77 (5. öff. IS.), S. 17 Sp. 2 und S. 22 Sp. 1. — Abwegig sei die Vorstellung, die Käseindustrie im Allgäu könnte um einen Tag mehr Urlaub streiken, während schnelle Panzerkeile von einem angenommenen Gegner auf Hamburg zustoßen; vgl. *Apel*, Prot. Nr. 62/77 (5. öff. IS.), S. 34 Sp. 2.
[34] *Brenner*, Prot. Nr. 57/73 (2. öff. IS.), S. 53 und S. 54 Sp. 2.

3. Auch die Regelung des Art. 9 Abs. 4 RE III beseitige diese Befürchtungen nicht. Vielmehr dränge sich die Schlußfolgerung auf, daß Arbeitskämpfe eigentlich grundsätzlich als Gefahr für die demokratische Grundordnung anzusehen sind und deshalb eine Ausnahmevorschrift geschaffen werden mußte[35]. Der tragenden Verantwortung der Gewerkschaften im Staat werde damit keine Rechnung getragen. Die Behauptung gar, Art. 91 Abs. 4 RE III garantiere das Streikrecht, sei haltlos[36]. Aus seiner Formulierung folge umgekehrt, daß im übrigen alle anderen Notstandsvorschriften, die unmittelbare Beschränkungen des Streik- und Koalitionsrechts enthalten, auch auf Arbeitskämpfe Anwendung finden[37].

4. Eine besondere Gefährdung läge ferner in den vielfältigen Möglichkeiten mittelbarer Eingriffe und Beschränkungen des Streik- und Koalitionsrechts aufgrund der bereits verkündeten einfachen Notstandsgesetze und der Möglichkeit, Dienstverpflichtungen und Arbeitsplatzwechselverbote auszusprechen[38]. Wenn Art. 9 nicht direkt mit Art. 12 a und dem ASG kollidiere, so sei dennoch der Praxis die Möglichkeit eröffnet, die Streikfreiheit auf halblegalem Wege einzuschränken. Art. 9 GG könnte m. a. W. „unterlaufen" werden[39].

5. Die Arbeitnehmerorganisationen befürchteten weiterhin, daß über das Rechtmäßigkeitskriterium der Sozialadäquanz künftig Arbeitskämpfe in Notstandssituationen als rechtswidrig qualifiziert werden könnten[40]. Denkbar sei die Neigung der Rechtssprechung, an die Legitimität eines Streiks unter Hinweis auf das Gemeinwohl erschwerende Voraussetzungen aufzustellen[41].

---

[35] Vgl. *Matthöfer*, Prot. Nr. 62/77 (5. öff. IS.), S. 56 Sp. 2 (unklar die Antwort Sontheimers): aus Art. 91 Abs. 4 RE III folge ein Argument für jene Auffassung, die die Streikfreiheit nicht bereits in der Koalitionsfreiheit des Art. 9 Abs. 3 GG mitumfaßt betrachte; denn der Erwähnung des Arbeitskampfes in Art. 91 Abs. 4 RE III bedürfe es nur, wenn die Streikfreiheit nicht bereits durch Art. 9 Abs. 3 GG gewährleistet sei. Vgl. *Notstandsentwurf '67*, S. 32.

[36] *Brenner*, Prot. Nr. 57/73 (2. öff. IS.), S. 44 Sp. 2 und die Stellungnahme *Nipperdeys* in Prot. Nr. 62/77 (5. öff. IS.), S. 95, der darüber hinaus kritisiert, daß Art. 91 Abs. 4 RE III nicht zwischen rechtmäßigen und rechtswidrigen Arbeitskämpfen differenziere. Vgl. auch *Seifert*, Prot. Nr. 62/77 (5. öff. IS.), S. 68 Sp. 2.

[37] *Reuter*, Prot. Nr. 62/77 (5. öff. IS.), S. 16 Sp. 1.

[38] *Rosenberg*, Prot. Nr. 57/73 (2. öff. IS.), S. 18 Sp. 2.

[39] *Reuter*, Prot. Nr. 62/77 (5. öff. IS.), S. 19 Sp. 2 und S. 20 Sp. 1, wo zur Vermeidung einer Aushöhlung des Art. 9 Abs. 3 GG eine textliche Erweiterung in Art. 9 GG und nicht in Art. 91 oder Art. 12 gefordert wird. Vgl. auch *Scheuner*, Prot. Nr. 62/77 (5. öff. IS.), S. 12 Sp. 2 und S. 13 Sp. 2. — Es wurde ferner die Befürchtung geäußert, daß das Zivilschutzkorps als Streikbrecherorganisation eingesetzt werden könnte, indem gem. § 8 Abs. 3 des Zivilschutzkorpsgesetzes „die Teilnahme auch an anderen dienstlichen Veranstaltungen angeordnet wird"; — vgl. *Notstandsentwurf '67*, S. 32 ff.

[40] *Reuter*, Prot. Nr. 62/77 (5. öff. IS.), S. 16 Sp. 2 und S. 17; *Rosenberg*, Prot. Nr. 57/73 (2. öff. IS.), S. 19 Sp. 1.

[41] *Reuter*, Prot. Nr. 62/77 (5. öff. IS.), S. 17 Sp. 1 und S. 21 Sp. 2.

6. Es wurde außerdem bemängelt, daß Art. 91 Abs. 4 RE III eine Interpretation dahin erlaube, wonach nur der rechtmäßige oder legitime Streik geschützt sei[42]. Rechtswidrig und damit ungeschützt sei der wilde und der politische Streik. Art. 91 Abs. 4 RE III proklamiere per argumentum e contrario den politischen Streik als einen Fall des inneren Notstandes. Er erlaube die Schlußfolgerung, daß politischer Streik immer verwerflich sei[43].

c) Gegenargumente der Bundesregierung

Die Bundesregierung suchte diese Bedenken zu entkräften.

Ihrer Auffassung nach sei durch die in Art. 9 Abs. 3 GG garantierte Koalitionsfreiheit auch die Arbeitskampffreiheit als Rechtsinstitut mitgewährleistet[44]. Diese Gewährleistung schütze die Arbeitskampffreiheit nicht nur gegen die staatliche Exekutive, sondern auch gegen den staatlichen Gesetzgeber. Grenzen der Arbeitskampffreiheit bestünden nur insoweit und Einschränkungen seien insoweit zulässig, als überwiegende Interessen des Gemeinwohls dies erforderten. Diese Auffassung der Bundesregierung von der bestehenden Rechtslage[45] entspreche der in der Rechtswissenschaft vorherrschenden Meinung; sie stehe auch im Einklang mit der höchstrichterlichen Rechtsprechung[46]. An dieser zur Zeit bestehenden Rechtslage würde sich auch nach Verabschiedung des RE III nichts ändern[47].

Die allgemeine verfassungsrechtliche Beurteilung der Zulässigkeit von Arbeitskämpfen bleibe demnach durch Art. 91 Abs. 4 RE III unberührt[48]. Daher werde auch die in Wissenschaft und Rechtsprechung umstrittene Frage, wieweit Arbeitskämpfe verfassungsrechtlich gewährleistet sind bzw. welche gesetzlichen oder sonstigen Maßnahmen unter dem Gesichtspunkt der Wahrung des Allgemeinwohls ergriffen werden können, nicht beantwortet und solle durch die Vorschrift auch nicht geregelt werden[49].

---

[42] Vgl. *Notstandsentwurf '67*, S. 32 ff.
[43] *Zweigert*, Prot. Nr. 57/73 (2. öff. IS.), S. 96 Sp. 2; — vgl. ferner den Diskussionsbeitrag innerhalb einer Auseinandersetzung in der SPD-Fraktion, — zit. in Prot. Nr. 62/77 (5. öff. IS.), S. 20 Sp. 1 —, der eine Reihe von Änderungsanträgen zur BTDruck. V/1879 vorsah; u. a. sollte in einem neuen Art. 9 Abs. 4 GG ein Streikrecht zur Aufrechterhaltung der freiheitlich-demokratischen Grundordnung verankert werden.
[44] *Benda*, Prot. Nr. 57/73 (2. öff. IS.), S. 19 Sp. 2.
[45] Vgl. die amtliche Begründung in BTDruck. V/1879, S. 24 Sp. 1.
[46] Vgl. *Benda*, Prot. Nr. 57/73 (2. öff. IS.), S. 19 Sp. 2 im Gegensatz zu *Ehmke*, Prot. Nr. 62/77 (5. öff. IS.), S. 18 Sp. 1.
[47] *Benda*, Prot. Nr. 57/73 (2. öff. IS.), S. 19 Sp. 2; *Benda*, Prot. Nr. 62/77 (5. öff. IS.), S. 5 Sp. 1; — vgl. auch *Scheuner*, Prot. Nr. 62/77 (5. öff. IS.), S. 7 Sp. 2 und *Ehmke*, Prot. Nr. 62/77 (5. öff. IS.), S. 18 Sp. 1.
[48] Vgl. *Lenz*, BTDruck. V/2873, S. 3 Sp. 2.
[49] Vgl. das Benda-Zitat bei *Seifert*, Prot. Nr. 62/77 (5. öff. IS.), S. 68 Sp. 2.

Zweck des Art. 91 Abs. 4 RE III sei die Gewährleistung des bisherigen Rechtszustandes auch im Rahmen der Notstandsverfassung[50]. Er stelle gewissermaßen eine authentische Verfassungsinterpretation dahingehend dar, daß die Koalitionsfreiheit des Art. 9 Abs. 3 S. 3 GG das Streikrecht umschließe[51].

Die amtliche Begründung hatte zur Frage der Einschränkbarkeit von Grundrechten in Notstandszeiten allgemeiner formuliert, daß sie im Zustand äußerer Gefahr grundsätzlich nicht weiter eingeschränkt werden als in Normalzeiten[52]. Damit sollte das Bedenken ausgeräumt werden, der Schutzbereich des Art. 91 Abs. 4 RE III erstrecke sich nur auf den Zustand innerer Gefahr, während im übrigen, das heißt im Zustand äußerer Gefahr, das Streikrecht eingeschränkt werden könnte[53]: „Es ist der Wille der Bundesregierung, einen Entwurf vorzulegen, in dem das nicht der Fall ist[54]."

Es wurde betont, daß der Systematik des Grundgesetzes entsprechend, keine Einschränkung des Streikrechts erfolgen könne, wenn sie nicht ausdrücklich vorgesehen sei[55].

Zur Zulässigkeit des politischen Streiks erklärte die Bundesregierung[56], daß Art. 91 Abs. 4 RE III den Arbeitskampf zur Durchsetzung politischer Ziele bewußt ausklammere, ohne jedoch damit die Frage zu entscheiden, ob und in welchen Grenzen er rechtlichen Schutz genieße[57].

3. Dialektik unter den Tarifpartnern

a) Gewerkschaftliche Forderung nach einer ausdrücklichen Streikgarantie

Im Verhältnis der Tarifpartner zueinander wurde die Frage nach der Waffengleichheit akut, als die Gewerkschaften schließlich aus „psychologisch-politischen" Gründen das Streikrecht expressis verbis garantiert

---

[50] *Lenz*, BTDruck. V/2873, S. 3 Sp. 2.

[51] *Ehmke*, Prot. Nr. 62/77 (5. öff. IS.), S. 18 Sp. 1.

[52] Amtliche Begründung in BTDruck. V/1879, S. 19.

[53] *Ehmke*, Prot. Nr. 62/77 (5. öff. IS.), S. 18 Sp. 1.

[54] Vgl. dazu die kritischen Überlegungen *Nipperdeys*, Prot. Nr. 62/77 (5. öff. IS.), S. 96 Sp. 1.

[55] Vgl. *Ehmke*, Prot. Nr. 62/77 (5. öff. IS.), S. 18 Sp. 1.

[56] BTDruck. V/1879, S. 24 Sp. 1: „durch den Zusatz ‚zur Wahrung und Förderung der Arbeits- und Wirtschaftsbedingungen' soll klargestellt werden, daß sich Art. 91 Abs. 4 RE III nur auf den arbeitsrechtlichen Arbeitskampf, nicht auf den Arbeitskampf zur Durchsetzung politischer Ziele bezieht".

[57] Durch die Einführung des sog. Widerstandsrechts in Art. 20 GG hat diese Sonderproblematik eine weitere Färbung erhalten.

wünschten[58], damit es nicht erst im Wege der Auslegung ermittelt werden müßte[59]. Auf einen entsprechenden Umstand weist es hin, wenn die Gefahr eines Umkehrschlusses für den Fall angedeutet wird, daß eine ausdrückliche Erwähnung des Streikrechts nur in der einfach-gesetzlichen Regelung des § 32 ASG erfolgen würde[60]. Das Wort „Arbeitskämpfe" in Art. 91 Abs. 4 RE III, das Aussperrung und Streik gleichermaßen ins Grundgesetz einführe[61], müsse konsequenterweise durch das Wort „Streik" ersetzt werden, da nicht einzusehen sei, wie sich Notstandsmaßnahmen gegen Aussperrungen richten könnten[62]. Aussperrungen eines einzelnen Arbeitgebers seien bei diesem Wortlaut ohnehin schon von der Bestimmung ausgenommen[63]. Darüber hinaus geböten „faktische, ökonomische, moralische, politisch-ethische" Gesichtspunkte eine Ungleichbehandlung von Streik und Aussperrung[64], wie dies auch in anderen EWG-Ländern der Fall sei[65]. Rechtsanpassung und -gleichheit innerhalb der EWG verlangten in der BRD eine entsprechende Regelung.

b) Der Antrag des Landes Hessen und Art. 29 Abs. 5 HV

Im Bundesrat setzte sich das Land Hessen ebenfalls dafür ein, das Wort „Arbeitskampf" durch „Streik" zu ersetzen[66]. Dies erfolge jedoch nicht deshalb, weil in der geplanten Schutzklausel eine dem Aussperrungsverbot des Art. 29 Abs. 5 HV entgegenstehende verfassungsrechtliche Gleichrangigkeit von Streik und Aussperrung zu sehen sei, sondern

---

[58] *Apel*, Prot. Nr. 62/77 (5. öff. IS.), S. 34 Sp. 2.

[59] *Apel*, Prot. Nr. 62/77 (5. öff. IS.), S. 35 Sp. 1.

[60] Die Gewerkschaften hatten sich der ausdrücklichen Verankerung des Streikrechts im ASG widersetzt, weil andernfalls die Schlußfolgerung ermöglicht werde, das Streikrecht sei nur durch einfaches Gesetz gewährleistet, nicht aber auch durch die Verfassung. — Vgl. *Ehmke* und *Schmidt*, Prot. Nr. 62/77 (5. öff. IS.), S. 18 Sp. 1 und S. 19 Sp. 2.

[61] So die zutreffende Formulierung des Abg. *Matthöfer*, Sten. Ber., V. Wahlperiode, 174. Sitzung des Bundestages, S. 9314 f.

[62] Vgl. *Matthöfer*, V. Wahlperiode, Sten. Ber., 174. Sitzung des Bundestags, S. 9314 f. — Obwohl es in den Beratungen des RA nicht gelang, anhand eines überzeugenden Beispielsfalles die Möglichkeit der Beeinträchtigung von Aussperrungen durch Notstandsmaßnahmen zu demonstrieren — vgl. den Bericht des Abg. *Matthöfer*, Sten. Ber., V. Wahlperiode, 174. Sitzung des Bundestages, S. 9315 — wurde eine entsprechende Forderung der Sozialdemokraten mit Mehrheit abgelehnt.

[63] *Matthöfer*, Sten. Ber., V. Wahlperiode, 174. Sitzung d. Bundestags, S. 9315 A.

[64] Vgl. den von *Matthöfer* zit. Ber. der Hohen Behörde, Sten. Ber., V. Wahlperiode, 174. Sitzung d. Bundestags, S. 9315 Sp. 1.

[65] gemeint waren Frankreich und Italien. Vgl. aber dazu *Merker*, DB 1965, S. 326.

[66] Sten. Ber., V. Wahlperiode, 326. Sitzung d. Bundesrates vom 14. 6. 1968, S. 141.

rein vorsorglich nur deshalb, um eine derartige Fehlinterpretation von vornherein und ausdrücklich auszuschließen.

c) Das Arbeitgeberpostulat der Waffengleichheit

Die Arbeitgeberverbände vertraten demgegenüber den Standpunkt, daß aus Gründen paritätischer Kampfmittel eine Ungleichbehandlung von Streik und Aussperrung versagt sei[67]. Deshalb, so wurde erklärt[68], sei auch das in der Hess. Verfassung verankerte Aussperrungsverbot „zweifellos" rechtswidrig. Außerdem würde die vorgeschlagene Differenzierung die im Normalfall geltende Rechtslage verändern, nämlich in Richtung einer ausdrücklichen verfassungsrechtlichen Anerkennung nur des Streiks, nicht aber auch der Aussperrung. Eine Veränderung der im Normalfall geltenden Rechtslage sei aber durch die Notstandsverfassung — auch entgegen anderslautenden Äußerungen[69] — nicht beabsichtigt[70]. Die Gewährleistung des bisherigen Rechtszustandes auch im Rahmen der Notstandsverfassung könne nur durch eine gleichmäßige Behandlung beider Tarifpartner erzielt werden[71].

4. Änderung des RE III

a) Einige unberücksichtigte Vorschläge

In der Folgezeit tauchte ferner der Gedanke auf, ob nicht eine Unterscheidung zwischen Arbeitskämpfen zur Wahrung und solchen zur Förderung der Arbeits- und Wirtschaftsbedindungen zweckmäßig sei[72]. Nipperdey befürwortete außerdem eine unterschiedliche Behandlung des rechtmäßigen und des rechtswidrigen Streiks im Rahmen des Art. 91 Abs. 4 RE III[73]. Beide Gesichtspunkte wurden jedoch nicht weiter verfolgt.

---

[67] *Kley*, Prot. Nr. 62/77 (5. öff. IS.), S. 42 Sp. 2.
[68] *Picard*, Prot. Nr. 62/77 (5. öff. IS.), S. 37 Sp. 1.
[69] Vgl. *Matthöfer*, Sten. Ber., V. Wahlperiode, 174. Sitzung d. Bundestags, S. 9314 f.; *Matthöfer*, Sten. Ber., V. Wahlperiode, 178. Sitzung d. Bundestags, S. 9632; *Rosenberg*, Prot. Nr. 57/73 (2. öff. IS.), S. 28 Sp. 1; *Hirsch*, Sten. Ber., V. Wahlperiode, 175. Sitzung d. Bundestags, S. 9468 Sp. 2.
[70] Vgl. *Lenz*, Sten. Ber., V. Wahlperiode, 174. Sitzung d. Bundestags, S. 9316 Sp. 1 im Gegensatz zu *Hirsch*, Sten. Ber., V. Wahlperiode, 175. Sitzung d. Bundestags, S. 9468 Sp. 2.
[71] *Lenz*, Sten. Ber., V. Wahlperiode, 174. Sitzung d. Bundestages, S. 9316 Sp. 1. — In diesem Sinne äußerte sich denn auch der RA, — vgl. Sten. Ber., V. Wahlperiode, 178. Sitzung d. Bundestags, S. 9632 —, ferner der SPD-Fraktionsvorsitzende, — vgl. Sten. Ber., V. Wahlperiode, 178. Sitzung d. Bundestags, S. 9647 —, der einräumte, daß einige seiner Kollegen eine unterschiedliche Behandlung lieber gesehen hätten.
[72] *Matthöfer*, Prot. Nr. 62/77 (5. öff. IS.), S. 12 Sp. 1.
[73] *Nipperdey*, Prot. Nr. 62/77 (5. öff. IS.), S. 95 Sp. 2.

b) Die textliche und systematische Änderung

Der Rechtsausschuß legte schließlich einen systematisch und textlich veränderten Beschluß vor[74]. Er berücksichtigte den Wunsch nach vermehrtem Schutz der Arbeitskämpfe, indem er sie von der Anwendung von Maßnahmen nach den Art. 12 a, 35 Abs. 2 und 3, 87 a Abs. 4 und 91 GG ausnahm. Er brachte jedoch keine ausdrückliche Erwähnung des Streikrechts. Die Gewerkschaften hatten bewußt auf einen entsprechenden Antrag verzichtet, weil die Gefahr seiner Ablehnung bestand[75]. Sie hielten eine indirekte Streikgarantie für ausreichend, falls indirekte Streikbeeinträchtigungen durch Notstandsmaßnahmen vermieden würden[76].

In systematischer Hinsicht verlangte der Rechtsausschuß die Regelung des Art. 91 Abs. 4 durch einen in Art. 9 Abs. 3 anzufügenden Satz 3 zu ersetzen. Die Angliederung des Arbeitskampfschutzes könne nur dort erfolgen, wo die Koalitionsfreiheit gewährleistet wird, um falschen Schlußfolgerungen vorzubeugen.

c) Verabschiedung des geänderten RE III

Diese vom Rechtsausschuß beschlossene Fassung wurde vom Bundestag in zweiter Lesung am 15. und 16. Mai 1968 beraten. Am 30. Mai wurde das siebzehnte Gesetz zur Ergänzung des Grundgesetzes vom Bundestag mit 384 Ja-Stimmen gegen 100 Nein-Stimmen bei einer Enthaltung angenommen. Die gesonderte Auszählung der Stimmen der Berliner Abgeordneten ergab 20 Ja-Stimmen, 1 Nein-Stimme und 1 Enthaltung.

Der Bundesrat stimmte dem Gesetz in seiner 326. Sitzung am 14. 6. 1968 gleichfalls mit verfassungsändernder Mehrheit zu. Es wurde am 24. 6. 1968 ausgefertigt, am 27. 6. 1968 verkündet und am darauffolgenden Tag in Kraft gesetzt.

§ 3 Erfahrungen der Notstandsgesetzgebung

1. Grundgesetz und Notstandsverfassung

Die parlamentarische Beratung des Art. 9 Abs. 3 S. 3 GG hat die schwierige Aufgabe der Notstandsgesetzgebung deutlich werden lassen. — Aufgabe jeder Notstandsverfassung ist der Schutz der Verfassung.

---

[74] Sog. Lenz-Entwurf, der dem Bundestag zur 2. Lesung am 9. 5. 68 vorgelegt wurde; BTDruck. V/2873, insb. S. 3 Sp. 2.
[75] Vgl. *Reuter* und *Gscheidle*, Prot. Nr. 62/77 (5. öff. IS.), S. 20 Sp. 1; *Apel*, Prot. Nr. 62/77 (5. öff. IS.), S. 35 Sp. 1.
[76] *Reuter*, Prot. Nr. 62/77 (5. öff. IS.), S. 19 Sp. 1.

Verfassungsrecht muß neben der Gewähr seiner Durchsetzung auch die Gewähr seines Bestandes in sich tragen[1]; denn der Schutz der Verfassung gilt zugleich dem Bestand des Staates, der als Verfassungsstaat nur im verfassungsmäßig geordneten politischen Prozeß existent wird und erhalten werden kann[2]. Das Notstandsrecht soll die Verfassung vor Gefährdungen von außen und den inneren Ausnahmelagen sichern, die zu einer Verfassungsstörung[3] oder einem Staatsnotstand[4] führen können.

Der Verfassungsstörung wehrt das Institut des Gesetzgebungsnotstandes[5]. Es stellt ein verfassungsmäßiges Mittel dar[6]. Demgegenüber ist die Abwehr und Beseitigung eines Staatsnotstandes nur mit Hilfe exzeptioneller Mittel möglich. Diese Besonderheit macht eine verfassungsrechtliche Vorsorge desto unentbehrlicher. „Denn trifft die Verfassung für die Bewältigung exzeptioneller Lagen mit Hilfe exzeptioneller Mittel keine Vorsorge, so sind die verantwortlichen Organe in Not- und Krisensituationen gezwungen, sich über die Verfassung hinwegzusetzen. Einer Rechtfertigung mit über- oder außerkonstitutionellem ungeschriebenem Notrecht steht der Primat der geschriebenen Verfassung entgegen; ihre Stabilität und ihr Ansehen würden dabei nicht geschützt, sondern den faktischen Notwendigkeiten zum Opfer gebracht[7]."

Die Verfassung muß daher einerseits die Möglichkeit schaffen, den im einzelnen nur schwer vorauszubestimmenden Notstandsfällen, die sich mit den normalen verfassungsrechtlichen Mitteln nicht bewältigen lassen, im Wege des Rechts zu begegnen; sie muß andererseits dagegen sichern, daß die Machtkonzentration, die der Notstand erfordert, nicht über die

---

[1] Konstruktive Sicherungen enthalten die Art. 5 Abs. 3 S. 2; 9 Abs. 2; 18; 19 Abs. 2; 21 Abs. 2; 61, 79 Abs. 1 S. 1; 79 Abs. 3; 87 Abs. 1 S. 2; 98 Abs. 2 GG und §§ 80 ff. StGB.

[2] *Hesse*, S. 250; *Scheuner*, S. 321.

[3] Sie bezeichnet die staatsrechtlich abnorme Lage, die dann entsteht, wenn ein oberstes Staatsorgan aus Gründen, die bei ihm selbst o. einem anderen Organ liegen, außerstande ist, seine ihm verfassungsmäßig zugewiesenen Funktionen wahrzunehmen; vgl. *Heckel*, S. 275.

[4] Er kennzeichnet alle ernsthaften Gefahren für den Bestand des Staates o. die öffentliche Sicherheit u. Ordnung, die nicht mit normalen verfassungsmäßigen Mitteln beseitigt werden können. Der Begriff „Staatsnotstand" findet keine allg. Verwendung. Seiner Kennzeichnung dienen auch Begriffe wie (echter) Ausnahmezustand oder Notstand. Er unterscheidet Zustände der äußeren, sowie der inneren Gefahr, ferner den Katastrophenfall, der als Unterfall des inneren Notstandes die Naturkatastrophen und besonders schweren Unglücksfälle umfaßt. Vgl. dazu *Hesse*, S. 267 ff. und *Benda*, Die Notstandsverfassung, S. 84 ff., 131 ff.
Soweit ersichtlich ist der Begriff des „Notstandes" am gebräuchlichsten. Nachfolgend wird daher an ihm festgehalten.

[5] Art. 81 i. V. m. Art. 68 GG.

[6] *Hesse*, S. 262.

[7] *Hesse*, S. 263.

Dauer des Notstandes hinaus aufrecht erhalten und dazu mißbraucht wird, die normale verfassungsmäßige Ordnung zu beseitigen[8].

Eine Einbuße an Grundrechten wird nur aufgewogen, soweit sie erforderlich und geeignet ist, dem Notstand zu steuern. Der verminderte grundrechtliche Schutz im Notstand muß der Wiederherstellung unverminderten Schutzes in der Normallage dienen.

2. Zusammenfassung entstehungsgeschichtlicher Einzelergebnisse

Dieser zwiespältige Effekt jeder gesetzlichen Notstandsvorsorge wurde auch und gerade in der parlamentarischen Beratung der notstandsrechtlichen Behandlung des Arbeitskampfes offenbar. Hinzukommt, daß die Stellungnahme einer Rechtsordnung zum Arbeitskampf als verläßliches Kriterium für die freiheitliche oder unfreiheitliche Qualität einer geschichtlich-konkreten Verfassungsstruktur gilt[9].

Die historische Betrachtung läßt sich in folgende Ergebnisse zusammenfassen:

1. Aufgrund ihrer Aufgabenstellung intendiert jede Notstandsverfassung eine Einschränkung freiheitlicher Grundrechte. Die Interpretation liegt daher in dem besonderen Spannungsverhältnis zwischen effizienter Vorsorge und unverzichtbarer Grundrechtsgarantie.

2. Die notstandsrechtliche Bestimmung des Art. 9 Abs. 3 S. 3 GG ist nicht als Einschränkung der Arbeitskampffreiheit, sondern als Begrenzung notrechtlicher Ausnahmebefugnisse gedacht. Sie hat daher den Charakter einer Schutzklausel, die die neugeschaffenen Befugnisse der Exekutive auf dem Gebiete des Arbeitskampfrechts gewissermaßen „aufwiegen" soll, um insoweit die bisherige verfassungsrechtliche Lage zu erhalten.

3. Der Notstandsgesetzgeber beabsichtigte mit dieser Schutzklausel keine Veränderung der im Normalfall geltenden Rechtslage. Er hat trotz der in ihrer Beurteilung auseinandergehenden Meinungen eine nähere Definition vermieden. Auch wenn er davon ausgeht, daß Art. 9 Abs. 3 GG das Streikrecht in Form einer Institutsgarantie gewährleiste und demzufolge Art. 9 Abs. 3 S. 3 GG die Wirkung einer dahingehenden authentischen Verfassungsinterpretation habe, sollten die arbeitskampfrechtlichen Streitfragen unentschieden bleiben.

4. Zwar haben die Bundestags-Hearings, in denen Vertreter der Gewerkschaften wie der Arbeitgeberverbände zu Wort kamen, das Arbeits-

---
[8] *Hesse* JZ 1960, 105 ff.
[9] Vgl. *Rüthers* DB 1968, 1948; *Rüthers,* Streik, S. 65 f., 68 ff. (71); *Rüthers,* Arbeitskampf, S. 81 ff.; *Brox-Rüthers,* S. 39.

kampfrecht politisch akzentuiert und die tragende Verantwortung der Tarifpartner beleuchtet. Dennoch ist die verfassungsrechtliche Beurteilung ihrer Kampfmittel im wesentlichen offen geblieben:

Es fehlen eine dezidierte Stellungnahme zur Gewährleistung des Streikrechts im Hausbestand des Art. 9 Abs. 3 GG, eine zweifelsfreie Beurteilung der zwischen Streik und Aussperrung bestehenden Wertigkeit, desgleichen eine prinzipielle Aussage zur Rechtmäßigkeit von Arbeitskämpfen im Notstandsfall wie in der Normallage.

5. Nach alledem trägt die Genesis, ganz abgesehen davon, daß ihr von vornherein nur indizieller Wert zukommt, nur wenig zur Streitentscheidung bei. Trotz zehnjähriger Diskussion in Öffentlichkeit und Parlament über die Notstandsentwürfe und Art. 9 Abs. 3 S. 3 GG ist der sich insbesondere auf die Normallage beziehende Fragenkreis weitgehend ungeklärt geblieben, so daß von hier aus die unterschiedlichsten Rechtsauffassungen vertreten werden können.

Zweites Kapitel

Das Arbeitskampfrecht im „Notstandsfall"

§ 4 Schutzobjekt des Art. 9 Abs. 3 S. 3 GG

I. Arbeitskämpfe

1. Verfassungsrechtlicher Zentralbegriff

Erstmalig in der deutschen Verfassungsgeschichte wurde mit dem Einbau der Notstandsverfassung der Arbeitskampfbegriff ins Grundgesetz eingeführt. Dieser Begriff ist zum unmittelbaren Regelungsobjekt gemacht, er ist Zentralbegriff und nicht etwa in Parenthese oder an versteckter Stelle, sondern systematisch dort aufgeführt, wo die Koalitionsfreiheit gewährleistet wird.

Art. 9 Abs. 3 S. 3 GG trifft somit eine ausdrückliche verfassungsgesetzliche Aussage zum Arbeitskampfrecht, ein Umstand, der mit unterschiedlichen Begründungen und Intentionen sowohl in der Weimarer Nationalversammlung[1] wie auch im Parlamentarischen Rat[2] vermieden worden war.

2. Arbeitskampfdefinition

a) Die Parteien des Arbeitskampfes

Die Ermittlung des unmittelbar notstandsrechtlichen Aussagegehalts verlangt eine Definition des Arbeitskampfbegriffes.

Eine Legaldefinition ist nicht vorhanden. Der neu ins Grundgesetz aufgenommene Begriff wird weder definiert noch werden einzelne Arten des Arbeitskampfes aufgezählt. Auch das einfach-gesetzliche Arbeitsrecht enthält keine exakte Bestimmung[3]. Allenfalls läßt sich aus diesen Spezial-

---

[1] *Rüthers*, Streik, S. 21 f.
[2] Ausführlich *Rüthers*, Streik, S. 22 ff.
[3] Vgl. die Übersicht bei *Hueck-Nipperdey*, Bd. II/Tl. 2 (1970), S. 866; die Bedeutung der Vorschriften erschöpft sich im speziellen Regelungszweck. Sie haben keine konstitutive Qualität. Vgl. *Brox-Rüthers*, S. 23 ff., S. 26 ff. m. w. N.

gesetzen die Tendenz der Gesetzgebung herauslesen, den Arbeitskampfbegriff weit auszulegen[4].

Eine Begriffsbestimmung muß zunächst an der Parteienstellung im Arbeitskampf anknüpfen. Parteien des Arbeitslebens sind die Arbeitgeber und Arbeitnehmer, wenn sie in ihrer Funktion als soziale Gegenspieler agieren[5]. Da die Funktion sozialer Gegnerschaft ihrerseits von einer sozialen Machtposition abhängt, kommt als Arbeitskampfpartei nur in Betracht, wer eine echte Kampfsituation zu bereiten fähig ist[6]. Da sich die Kampffähigkeit nach rein faktischen Gegebenheiten beurteilt[7], entspricht es allgemeiner Meinung, daß nicht nur kollektiv handelnde Arbeitgeber oder ein oder mehrere Arbeitgeberverbände, sondern auch der einzelne Arbeitgeber allein kampffähig ist, während auf Arbeitnehmerseite nur ein oder mehrere Gewerkschaften, eine oder mehrere Belegschaften bzw. Teile von ihnen oder eine, wenn auch i. S. d. Verbandsrechts unorganisierte größere Zahl von Arbeitnehmern in Frage kommen[8].

Soweit daher der Arbeitskampfbegriff von der h. M. als Kollektivakt zur Störung des Arbeitsfriedens formuliert wird, nur um damit die Beteiligung mehrerer Arbeitnehmer auszudrücken, ist er mit einem Superfluum beladen, weil die Störung des Arbeitsfriedens durch die Arbeitnehmer i. d. R. ohne Kollektivakt nicht zu denken ist.

Die Verwendung des Kollektivitätsbegriffes stößt auf weitere Bedenken. Sie verschleiert die Tatsache, daß für das Vorliegen eines Arbeitskampfes nicht die Zahl der Beteiligten, sondern die effektive Störung des Arbeitsfriedens entscheidend ist. Bereits der einzelne oder sehr wenige Arbeitnehmer, die eine betriebliche Schlüsselstellung einnehmen und infolge der Technisierung für das Funktionieren eines Betriebes unentbehrlich sind, können durch Arbeitsniederlegung eine echte Arbeitskampfsituation herbeiführen und deshalb Arbeitskampfpartei sein[9]. Andererseits erfüllt die „kollektive" Arbeitsniederlegung noch so vieler, aber leicht zu ersetzender Arbeitnehmer nicht den Tatbestand des Arbeitskampfes. Das Merkmal der Kollektivität bringt ferner den Nachteil, es unabhängig davon als gegeben betrachten zu müssen, gleichgültig, ob es auf der aktiven oder passiven Seite vorliegt[10]. Dies birgt die Gefahr, sämtliche Kampfarten undifferenziert und unter der „kollektiven Haube

---

[4] Vgl. *Lerche*, Arbeitskampf, S. 26 ff. m. w. N.
[5] Allg. M.; vgl. statt vieler *Hueck-Nipperdey*, Bd. II/Tl. 2 (1970), S. 872 m. w. N. in Anm. 6 a.
[6] Vgl. z. B. *Tomandl*, S. 3.
[7] Die Kampffähigkeit ist daher von der Tariffähigkeit unabhängig; vgl. *Hueck-Nipperdey*, Bd. II/Tl. 2 (1970), S. 872 mit Anm. 6.
[8] Vgl. statt vieler *Hueck-Nipperdey*, Bd. II/Tl. 2 (1970), S. 873 m. w. N.
[9] Vgl. *Tomandl*, S. 3; *Brox-Rüthers*, S. 24; *Dietz* JuS 1968, 1.
[10] So insbesondere *Bulla*, S. 182.

des Oberbegriffes Arbeitskampf" als vollständig kommensurabel anzusehen[11].

Deshalb ist unter Ausscheidung des Kollektivitätsbegriffes als Arbeitskampfpartei in Betracht zu ziehen, wer auf Arbeitnehmer- oder Arbeitgeberseite in der Funktion als sozialer Gegenspieler den Arbeitsfrieden zu stören fähig ist.

b) Die Arbeitskampfmittel

Arbeitskampfmittel sind die Maßnahmen zur Störung des Arbeitsfriedens. Bereits der Maßnahmebegriff besagt, daß die Störung bewußt und gewollt, mithin vorsätzlich erfolgen muß. Soweit daher eine Gruppe agiert, bedarf es deren vorsätzlichen Zusammenwirkens[12].

Die Störung des Arbeitsfriedens bedeutet in der Vielzahl der Fälle eine Behinderung oder Vereitelung der Arbeitskraftentfaltung. Dem Gegner wird wirtschaftlicher Schaden angedroht oder zugefügt. Für den Arbeitskampf ist damit wesentlich, daß der Gegner in eine Zwangslage versetzt wird. Infolgedessen scheiden als Arbeitskampfmittel solche Maßnahmen aus, die zwar mit Störungsabsicht vorgenommen werden, aber jeder Geeignetheit entbehren. Der Kampffähigkeit der Partei entspricht hier die Kampfeignung der Maßnahme.

Arbeitskampfmittel ist deshalb jede Maßnahme, die an Stelle freien Verhandelns den Zwang zum Bewilligen der Forderungen des Partners oder jedenfalls zum Nachgeben setzt, und zwar aus Furcht vor den Nachteilen oder Verlusten, die der Arbeitskampf mit sich bringt[13].

c) Versuch einer Definition

In Judikatur und Wissenschaft ist kontrovers geblieben, ob die Zweckorientierung des Arbeitskampfes Begriffsmerkmal ist. Hier wie dort wird einem engen, kampfzweckorientierten oder einem weiten, allein auf Kampfmittel und Wirkungsweise abstellenden Arbeitskampfbegriff das Wort geredet[14].

---

[11] *Lerche*, Arbeitskampf, S. 15.
[12] Vgl. *Tomandl*, S. 5.
[13] So oder so ähnlich BVerfGE 6, 353; *Brox-Rüthers*, S. 24 f.; *Hueck-Nipperdey*, Bd. II/Tl. 2 (1970), S. 874.
[14] Vgl. einerseits RAG 13, 569; BGHZ 14, 347 ff.; *Grunsky* JuS 1967, 64; *Hueck-Nipperdey*, Bd. II/Tl. 2 (1970), S. 870; *Kaskel*, S. 370; *Osswald*, S. 11 ff.; *Ramm*, Arbeitskampf, S. 336 ff.; *Reuß* JZ 1965, 350; *Tomandl*, S. 9 und andererseits *Brox-Rüthers*, S. 23 ff.; *Dietz* JZ 1959, 428 f.; *G. Hueck*, a.a.O.; *Hueck-Nipperdey*, Bd. II (1957), S. 604; *Nikisch*, Bd. II, S. 78 f.; *Richardi* RdA 1966, 241; *Siebrecht*, S. 13 jeweils mit zahlreichen weiteren Nachweisen.

Dieser Streit um einen allgemein wissenschaftlichen Kampfbegriff dürfte unentschieden gelassen werden, wenn es theoretisch denkbar und praktisch vertretbar wäre, zwischen einer „arbeitsrechtlichen" Begriffsbestimmung und der hier allein interessierenden „verfassungsrechtlichen" zu unterscheiden. Die arbeitsrechtliche Begriffsbestimmung dient der rechtlichen Analyse des Arbeitskampfes als des Regelungsobjekts des Arbeitskampfrechts, weil sie die Voraussetzung einer genauen Formulierung arbeitskampfrechtlicher Phänomene und damit Voraussetzung wissenschaftlicher Diskussion und Problemlösung ist[15]. Dagegen versucht die hier zu treffende verfassungsrechtliche Begriffsbestimmung zu allererst, den Gehalt einer speziellen Verfassungsnorm zu erschließen. Ist die verfassungsrechtliche Fragestellung damit gegenüber jener arbeitsrechtlichen um einiges spezieller, so muß eine unterschiedliche Begriffsbestimmung trotz dieser Differenzierbarkeit als verfehlt angesehen werden. Denn ohne die Lehre von der verfassungsrechtlichen Prägung des Arbeitsrechts bemühen zu müssen[16], ist sinnfällig, daß ein brauchbarer „allgemein arbeitsrechtlicher Arbeitskampfbegriff" nur unter Berücksichtigung der Verfassung gebildet werden kann[17]. Gerade weil er der vollständigen Erfassung sämtlicher arbeitsrechtlicher Phänomene dienen soll, kann er niemals enger gefaßt werden, als in der von Gesetzes wegen noch so extensiven Bedeutung. Deshalb muß sich jeder allgemein wissenschaftliche Arbeitskampfbegriff auch an der verfassungsrechtlichen Bestimmung messen lassen.

Eine grammatisch-logische Interpretation der im Gesetz enthaltenen Apposition „zur Wahrung und Förderung der Arbeits- und Wirtschaftsbedingungen" und „von Vereinigungen i. S. d. Satzes 1" macht deutlich, daß das Grundgesetz Arbeitskämpfe nach ihrem Kampfzweck und ihrer Organisierung unterscheidet. Daher bleibt der Arbeitskampfbegriff vice versa auch dann sinnvoll, wenn Arbeitskämpfe nicht mit speziell arbeitsrechtlichem Zweck oder unorganisiert geführt werden. Kampfzweck und Organisierung sind Kampfmodalitäten, keine Begriffsmerkmale[18].

Auch die parlamentarische Beratung hat gezeigt, daß der Arbeitskampf nicht von vornherein auf bestimmte einzelne Kampfziele zu beschränken ist. So wurde gerade im Hinblick auf den politischen Arbeitskampf eine Formulierung gesucht, die ihn von Verfassungs wegen ausschließen sollte[19].

---

[15] Vgl. *Hueck-Nipperdey*, Bd. II/Tl. 2 (1970), S. 870.
[16] Vgl. dazu in allg. Form *Küchenhoff*, S. 318 ff.
[17] Insoweit auch *Hueck-Nipperdey*, Bd. II/Tl. 2 (1970), S. 866.
[18] Vgl. *A. Hueck* RdA 1968, 430 (431/Sp. 2).
[19] s. o. § 2 III 2 b Ziff. 6 und III 2 c. Ob die verfassungsrechtliche Formulierung den politischen Arbeitskampf zweifelsfrei ausschließt s. u. § 4 II 2.

Mit Rücksicht auf Art. 9 Abs. 3 S. 3 GG muß daher der kampfzweckorientierte Arbeitskampfbegriff als zu eng abgelehnt werden. Unter Vernachlässigung der Modalitäten wie Kampfzweck und Organisierung ist der Arbeitskampf zu definieren als die von einer Partei des Arbeitslebens erzwungene Störung des Arbeitsfriedens.

Mit diesem weiten Arbeitskampfbegriff ist zugleich der auf tatsächlichen Gegebenheiten beruhenden Kampffähigkeit der Partei wie der Kampfeignung des Mittels ausreichend Rechnung getragen.

3. Notstandsrechtliche Folgerungen

a) Typenfreiheit

Die mit Hilfe des Art. 9 Abs. 3 S. 3 GG gewonnene Arbeitskampfdefinition umgrenzt ein Begriffsfeld, das in sich offen freier Typenbildung zugänglich ist. Sie trifft für den Notstandsfall keine abschließende Regelung über die nach dem heutigen Meinungsstand anerkannten Arbeitskampfarten.

Der Arbeitskampf kann als soziale Tatsache nicht auf einen rechtlich vorgegebenen Katalog bestimmter Kampfarten festgelegt werden[20]. In seinem rechtlichen Erscheinungsbild mögen zwar einige besondere Kampfarten dominieren; das Begriffsfeld des Arbeitskampfes entzieht sich aber einer institutionellen Verfestigung und Verengung[21].

So hat auch die Entstehungsgeschichte zu Art. 9 Abs. 3 S. 3 GG ergeben, daß der Verfassungsgesetzgeber mit vollem Bedacht den Begriff Arbeitskampf in die Verfassung eingeführt hat, gerade um eine voreilige, an der Begrifflichkeit orientierte Beschränkung des Regelungsbereichs zu vermeiden[22]. Aus dem gesetzgeberischen Verzicht auf eine Definition und eine exemplarische oder limitative Enumeration kann nur geschlossen werden, daß zunächst einmal alle erdenklichen Kampfarten angesprochen sein sollen.

Streik, Aussperrung und Boykott sind danach nur repräsentative Arten des Arbeitskampfes. Sie sind nicht exklusiv und für alle Zeiten auf einen numerus clausus festgelegt[23]. Wie weit der Kreis „kampfgeeigneter" Maßnahmen im einzelnen zu ziehen ist, soll hier nicht weiter geprüft werden[24].

---

[20] Vgl. *Glückert* DB 1968, 2279 (Sp. 2 o.); *G. Hueck*, Sp. 65; *Richardi* RdA 1966, 241; *Tomandl*, S. 9.
[21] *Lerche*, Arbeitskampf, S. 13.
[22] s. o. § 2 III 3.
[23] Vgl. *Glückert* DB 1968, 2279.
[24] Vgl. *Dietz* JuS 1968, 1: „auch der verlautbarte Beschluß, eine Urabstimmung über den Streik durchzuführen, verbunden mit der Empfehlung, sich für den Streik zu entscheiden, ist bereits Arbeitskampf. Die Arbeitgeber sollen

Soweit jedoch eine Maßnahme die Eignung zur Störung des Arbeitsfriedens besitzt, ist sie tatbestandlich Arbeitskampf.

Im Notstandsfall wird daher den Kampfparteien per definitionem kein Typenzwang auferlegt. Vielmehr verbleibt ihnen Raum für die grundsätzliche Freiheit im Erfinden und Einführen neuer Arbeitskampfarten[25]. Per definitionem gilt daher im Notstandsfall Typenfreiheit im Sinne freier Typenbildung.

b) Gleichbehandlung und Gleichwertigkeit

Die Verwendung des Oberbegriffes „Arbeitskampf" in Art. 9 Abs. 3 S. 3 GG intendiert ferner die Gleichwertigkeit sämtlicher Arbeitskampfarten in ihrem Verhältnis zueinander. Demgegenüber sind bereits oben aus Anlaß der Kollektivitätsfrage faktische Unterschiede der Arbeitskampfarten angedeutet worden.

Streik und Aussperrung unterscheiden sich nicht nur in ihrer Bezeichnung, ihrer geschichtlichen Entwicklung und verbandspolitischen Bedeutung[26], sondern vor allem in funktioneller und soziologischer Hinsicht[27].

Während der Streik sich in einem Unterlassen, der Arbeitseinstellung, äußert, erfordert die Aussperrung darüber hinaus ein positives Tun, nämlich die Verhinderung der Arbeitsmöglichkeit[28]. Ferner erwächst den Arbeitnehmern die für einen Arbeitskampf erforderliche Machtposition erst durch Zusammenschluß im Arbeitnehmerkollektiv, während der Arbeitgeber seine Machtposition unmittelbar aus dem Eigentumsrecht ableitet[29]. Arbeitskampf der Arbeitnehmer ist regelmäßig ein Kampf vieler gegen wenige oder einen einzelnen Arbeitgeber; Arbeitskampf der Arbeitgeber ist ein Kampf des einzelnen oder weniger gegenüber einer Vielheit. Schließlich treffen die Folgen des Arbeitskampfes die Kampfparteien in unterschiedlichen Seinsbereichen: den Arbeitnehmer in seiner unmittelbaren wirtschaftlichen Existenz, den Arbeitgeber allein in seinem Unternehmergewinn[30].

---

unter Druck gesetzt werden, eine freie Verhandlung ist nicht mehr möglich." — Vgl. ferner *Hueck-Nipperdey*, Bd. II/Tl. 2 (1970), S. 874 m. w. N.

[25] Vgl. speziell zum Bummel- und Teilstreik und der Gründung von Konkurrenzunternehmen durch die Arbeitnehmer: *Zöllner*, Arbeitskampfformen, S. 433 ff. und S. 439 ff.; *Brox-Rüthers*, S. 29 f.; *Tomandl*, S. 15.

[26] *Nipperdey* DB 1963, 1613 (Sp. 2).

[27] Vgl. *Evers*, Arbeitskampffreiheit, S. 26 ff.; *Lerche*, Arbeitskampf, S. 18.

[28] *Evers*, Arbeitskampffreiheit, S. 27.

[29] *Radke* AuR 1964, 71 (Sp. 2 o.); *Tacke* AuR 1964, 73 ff.

[30] *Evers*, Arbeitskampffreiheit, S. 27.

Die Unterschiede in rechtlicher Hinsicht sind ähnlich gravierend.

Die Eigenschaft der Kampffähigkeit vermittelt der Arbeitnehmerseite nicht zugleich auch die Eigenschaft der Tariffähigkeit; diese erwächst ihr erst im Wege koalitionsrechtlicher Organisierung. Demgegenüber ist auf Arbeitgeberseite auch der einzelne Arbeitgeber nicht nur kampffähig, sondern zugleich tariffähig[31]. Ferner soll dem Streik nur suspendierende, der Aussperrung dagegen unter gewissen Umständen auch lösende Wirkung zukommen[32].

So sehr sich die Arbeitskampfarten in faktischer und rechtlicher Hinsicht unterscheiden mögen: durch Verwendung eines gemeinsamen Oberbegriffes ignoriert das Gesetz diese Verschiedenheit und nimmt im Vergleich zu den einzelnen Arbeitskampfarten eine pauschale Gleichbehandlung vor. Art. 9 Abs. 3 S. 3 GG macht damit sämtliche Arbeitskampfarten undifferenziert zum Regelungsobjekt.

Zugleich sei jedoch besonders hervorgehoben, daß diese Gleichbehandlung zunächst nur für den Notstandsfall gilt[33], wonach sich bestimmte Maßnahmen nicht gegen Arbeitskämpfe richten dürfen. Die allgemein verfassungsrechtliche Frage der Gleichwertigkeit im Normalfall ist damit nicht entschieden[34].

c) Tatbestandsgrenzen

Die vorläufig nur auf den Notstandsfall beschränkte Gleichbehandlung erfährt durch Auswertung der Arbeitskampfdefinition eine weitere, wenn auch nur vage Eingrenzung.

Der Arbeitskampf ist unter besonderer Hervorhebung tatsächlicher Machtverhältnisse definiert worden, worauf die Merkmale der Kampffähigkeit und Kampfeignung hindeuten. Kampffähigkeit der Parteien und Kampfeignung der Waffen sind daraufhin angelegt, die sozialen Kräfte in der für den Arbeitskampf wesensmäßigen „Kampfsituation" in Wettbewerb treten zu lassen. Echter Kampf meint daher Wechselspiel sozialer Kräfte, nicht Duell[35]. Die Grenze vertretbarer Unterschiedlichkeit der Arbeitskampfarten und zugleich die Grenze freier Typenbildung ist daher dann überschritten, wenn die faktische und rechtliche Ausgestal-

---

[31] Vgl. § 2 Abs. 1 TVG.
[32] Vgl. statt vieler *Hueck-Nipperdey*, Bd. II/Tl. 2 (1970), S. 983 f. und 901 f. mit zahlreichen weiteren Nachweisen. — Aus der Rechtsprechung vgl. jüngst BAG GS DB 1971, 873: „Nach dem Gebot der Verhältnismäßigkeit kann eine Aussperrung mit lösender Wirkung zulässig sein. In einem solchen Fall hat der Arbeitnehmer nach Beendigung des Arbeitskampfes einen Wiedereinstellungsanspruch (nur!) nach billigem Ermessen."
[33] Vgl. etwa *Glückert* DB 1968, 2279 f.
[34] s. u. insbesondere § 8.
[35] Vgl. *Nipperdey* DB 1963, 1613 ff.

tung zu einer eklatanten Überprivilegierung einer Partei führen und dadurch das Wechselspiel der Kräfte aufheben und durch ein Duell oder Diktat ersetzen würde. Eine solche Waffe läge außerhalb des von der Arbeitskampfdefinition umgrenzten Begriffsfeldes, weil sie den potentiellen Gegner von vornherein zur Kapitulation zwingen müßte. Eine solche Waffe wäre nicht erst im Rahmen der Rechtmäßigkeitsprüfung auszuscheiden, sondern bereits hier wegen fehlender Tatbestandsmäßigkeit.

Ein Blick auf die in der Vergangenheit geübten Arbeitskämpfe zeigt, daß Streik und Aussperrung trotz der dargelegten Unterschiede kampfgemäße Waffen sind. Die faktische und rechtliche Privilegierung der Aussperrung nimmt der Waffe Streik nicht a priori jegliche Schärfe. Beide Arten sind daher tatbestandlich Arbeitskampf.

Zusammenfassend läßt sich feststellen, daß Art. 9 Abs. 3 S. 3 GG im Notstandsfall alle bestehenden und alle erdenklichen Arbeitskampfarten gleichbehandelt und sie pauschal zum Regelungsobjekt macht, unabhängig ihrer faktischen und rechtlichen Unterschiede, sofern sich diese im Rahmen des von der Arbeitskampfdefinition umgrenzten Begriffsfeldes halten.

II. Wahrung und Förderung von Arbeits- und Wirtschaftsbedingungen

1. Arbeits- und Wirtschaftsbedingungen

a) Art. 9 Abs. 3 S. 3 und Abs. 3 S. 1 GG

Der verfassungsrechtliche Schutz für Arbeitskämpfe ist in Art. 9 Abs. 3 S. 3 GG zunächst einmal davon abhängig gemacht, daß sie zur Wahrung und Förderung von Arbeits- und Wirtschaftsbedingungen geführt werden. Die Zweckbestimmung des Arbeitskampfes knüpft damit an die Zweckbestimmung der Koalitionen an. Besteht insoweit eine Wortidentität in Art. 9 Abs. 3 S. 3 und Abs. 3 S. 1 GG, so ist auch insoweit eine Identität des Sinngehalts zu vermuten.

Vordergründig erweist sich die Zweckbestimmung des Arbeitskampfes als Einbruchstelle, durch die die insoweit zu Art. 9 Abs. 3 S. 1 GG bestehenden Zweifelsfragen in die neue Regelung hineingetragen werden. Rechtsprechung und Lehre sind daher in diesem Umfang mit den bislang entwickelten Auffassungen zu berücksichtigen.

b) Das Interessengebiet

Eine Präzisierung der arbeitskampfrechtlichen Zweckbestimmung wird erschwert durch die geringe Bestimmtheit des Begriffes „Arbeits- und Wirtschaftsbedingungen".

Seine Aufgliederung nach verschiedenen Adressaten des Arbeitslebens läßt sich kaum begründen. Denn dies könnte allenfalls dadurch geschehen, indem die „Arbeitsbedingungen" der Arbeitnehmerseite und die „Wirtschaftsbedingungen" der Arbeitgeberseite zugeordnet würden. Beides erwächst jedoch im Für und Wider beider Parteien. Darüber hinaus brächte eine derart künstliche Aufspaltung wenig Klarheit, sie würde nur ein besonderes Spannungsverhältnis innerhalb des Begriffspaares erzeugen.

Näherliegend ist eine Unterscheidung nach dem sachlichen Gehalt.

So betreffen die Arbeitsbedingungen primär das Arbeitsverhältnis selbst, vor allem Fragen, die tarifvertraglich geregelt werden können[36]. Dazu zählen vornehmlich die Löhne und sonstigen Arbeitsvergütungen, Einstellungs- und Entlassungsbedingungen, Lehrverhältnisse und sonstige Berufsausbildung, Arbeitszeit und Arbeitsmethoden, Arbeitstechnik und Gefahrenschutz, Urlaubgewährung und Erholungseinrichtungen, soziale Unterstützung und Pensionen[37]. Der Begriff der Wirtschaftsbedingungen ist demgegenüber weitergehend insofern, als er auch die allgemeinen wirtschafts- und sozialpolitischen Verhältnisse erfaßt[38], wozu etwa ein überbetriebliches Mitbestimmungsrecht der Arbeitnehmer, der Ausbau der Sozialversicherung und eine stärkere Beteiligung der Arbeitgeber und Arbeitnehmer an der Arbeits- und Sozialverwaltung gehören würden[39].

Mit dieser sachbezogenen Differenzierung ist das Interessengebiet der Koalitionen im wesentlichen abgesteckt. Es gewinnt noch schärfere Konturen, wenn es gegenüber anderen Rechtsbereichen abgegrenzt wird. Da sich die Einweisung in einen bestimmten Rechtsbereich negativ gelesen als Ausgrenzung verstehen läßt, verlaufen Grenzlinien überall dort, wo ein anderer schutzwürdiger Rechtsbereich beginnt. So wird in Art. 9 Abs. 2 GG eine torsenhafte Grenze sichtbar, gleichwohl ihre systematische Stellung einer Verwertung für Art. 9 Abs. 3 GG zu widerraten scheint; die h. M. akzeptiert jedoch mit Recht diese Grenzziehung des Art. 9 Abs. 2 GG auch für den Bereich des Abs. 3 und nimmt damit die mißlungene Systematik in Kauf[40]. Mit Art. 9 Abs. 2 GG fällt die Verfassung ein Verdikt über die Betätigung und Existenz von Koalitionen, deren Tätigkeit den

---

[36] *Hueck-Nipperdey*, Bd. II/Tl. 1 (1966), S. 103 (lit. b); *Maunz-Dürig*, Art. 9 RN 97.
[37] *Huber*, Bd. II, S. 369 f.
[38] *Hueck-Nipperdey*, Bd. II/Tl. 1 (1966), S. 103 ff.; *Maunz-Dürig*, Art. 9 RN 97; *v. Münch* BK, Art. 9 RN 122.
[39] Vgl. *Forsthoff*, Gutachten, S. 17; *Nikisch*, Bd. II, S. 5 a. E.
[40] *Dietz*, Grundrechte Bd. III/Tl. 1, S. 448; *Hesse*, S. 157; *Lerche*, Arbeitskampf, S. 34 ff.; *v. Mangoldt-Klein*, Art. 9 Anm. VI 1; *Maunz-Dürig*, Art. 9 RN 4; *v. Münch* BK, Art. 9 RN 71; *Rüthers*, Streik, S. 29. — a. A. jedoch z. B. *Hamann-Lenz*, Art. 9 Anm. A 3 (S. 225 M).

Strafgesetzen zuwiderläuft oder deren Tätigkeit sich gegen die verfassungsmäßige Ordnung oder den Gedanken der Völkerverständigung richtet.

Aufgrund der Mannigfaltigkeit sonstiger denkbarer Berührungen und Überschneidungen des koalitionsrechtlichen Bereichs mit anderen schutzwürdigen Rechtsbereichen wird eine allgemeine Begrenzung zunächst nur dahin formuliert werden können, daß sich das Interessengebiet der Koalitionen im Rahmen des Gemeinwohls halten müsse[41]. Damit ist ein allgemeines Mißbrauchsverbot angesprochen[42], das durch das Rechtsstaatsprinzpip, den Grundsatz der Verhältnismäßigkeit und das Abwägungsverbot näher bestimmt wird[43].

Ob die Gemeinwohlbindung darüber hinaus den Rechtsbereich der Koalitionen mit konkreten Sachvorstellungen belegt, ist außerordentlich zweifelhaft und kann von hieraus nicht entschieden werden. Die Gemeinwohlbindung erlaubt eine weitere Folgerung nur insoweit, als Kämpfe auf dem Interessengebiet der Koalitionen der sinnvollen, im allgemeinen Interesse liegenden Ordnung und Befriedung des Arbeitslebens dienen müssen[44].

c) Der Interessengegner

Dem komplexen arbeitsrechtlichen wie arbeitspolitischen Interessengebiet, das zunächst nur durch ein spezifisches Arbeitnehmer- und Arbeitgeberinteresse geprägt und eine allgemein gehaltene Gemeinwohlbindung eingegrenzt wird, entspricht zwangsläufig ein weiter Aktionsradius der Koalitionen. Er umspannt die Interessenwahrnehmung der Koalitionen untereinander, gegenüber der öffentlichen Meinung und gegenüber den politischen Instanzen[45]. Eine ausschließliche Festlegung auf den sozialen Gegenspieler findet im Wortlaut des Art. 9 Abs. 3 S. 1 GG keine Stütze. Eine derartige Beschränkung läßt sich auch nicht mit der historischen Entwicklung und Funktion der Koalitionsfreiheit überzeugend begründen.

Die Wahrung und Förderung von Arbeits- und Wirtschaftsbedingungen erfaßt daher zunächst auch in vollem Umfang die Interessenvertre-

---

[41] Vgl. etwa *Hueck-Nipperdey*, Bd. II/Tl. 1 (1966), S. 151; *Weber*, S. 37; *Scholz*, S. 329: „die Formel von der Wahrung und Förderung der Arbeits- und Wirtschaftsbedingungen meint im Grunde nur die gesetzmäßigen Arbeits- und Wirtschaftsbedingungen".

[42] Vgl. *Lerche*, Arbeitskampf, S. 29.

[43] Vgl. *Brox-Rüthers*, S. 147 ff. (150); *Lerche*, Übermaß, S. 19 ff.; *Rüthers* DB 1968, 1951 (Sp. 1 a. E.).

[44] Vgl. aus der Rechtsprechung insb. BVerfGE 4, 96 (107 ff.); 18, 18 (26, 28); 20, 312 (319).

[45] Vgl. *Kaiser*, Repräsentation, S. 181 ff. und insb. S. 259 ff.

tung gegenüber dem Staat, indem etwa der amtlichen Sozialpolitik Anregungen gegeben und Einfluß auf die soziale Gesetzgebung genommen wird[46].

Damit ist die Untersuchung an die Frage herangetragen, ob für die Interessenvertretung gegenüber dem Staat das Mittel des Arbeitskampfes in Betracht gezogen werden kann.

2. Der arbeitspolitische Arbeitskampf

a) Isolierte Betrachtungsweise

Wird der komplexe Sinngehalt des Art. 9 Abs. 3 S. 1 GG unbesehen in die Regelung des Art. 9 Abs. 3 S. 3 GG übernommen, so drängt sich die Frage auf, ob im Notstand arbeitspolitische[47] Arbeitskämpfe zulässig sind. Eine isolierte Betrachtung der in Art. 9 Abs. 3 S. 3 GG verwandten Begriffe „Arbeitskampf" und „Wahrung und Förderung von Arbeits- und Wirtschaftsbedingungen" schließt nicht ohne weiteres aus, daß zur wirkungsvollen Zweckerreichung der Arbeitskampf auch gegenüber dem gesetzgebenden Gegenspieler ergriffen werden darf. Denn der Arbeitskampfbegriff für sich allein betrachtet ist nicht zweckorientiert[48] und die Zweckbestimmung „Wahrung und Förderung von Arbeits- und Wirtschaftsbedingungen" ist nicht auf einen bestimmten Interessengegner beschränkt.

Der arbeitspolitische Arbeitskampf unterscheidet sich vom arbeitsrechtlichen durch eine besondere Dreieckslage. Mit dem Mittel direkten Zwanges auf den sozialen Gegenspieler ist indirekter Zwang auf den gesetzgebenden Gegenspieler beabsichtigt. Im arbeitsrechtlichen Arbeitskampf soll der soziale, im arbeitspolitischen der gesetzgebende Gegenspieler getroffen werden: der soziale Gegenspieler ist dabei direkter Adressat der Kampfmaßnahme, der gesetzgebende Gegenspieler direkter Adressat des Kampfzweckes.

Diese „vermittelte" Reaktion ist desto effektiver, je stärker ein Staatswesen von einem störungsfreien Wirtschafts- und Arbeitsleben abhängt[49]. Die Empfindlichkeit hochindustrialisierter Länder, deren Wirtschaftsord-

---

[46] *Forsthoff*, Gutachten, S. 17; *A. Hueck*, Gutachten, S. 39 (Ziff. 2) und S. 40 (Ziff. 4); *Hueck-Nipperdey*, Bd. II/Tl. 1 (1966), S. 105 (Ziff. 2); *Nikisch*, Bd. II, S. 5 f.

[47] Von der ‚arbeitspolitischen' Zweckbestimmung ist die ‚rein politische' zu scheiden. Rein politisch wäre die Absicht, aus ideologischen oder personellen Gründen eine Regierungsumbildung zu erzwingen; vgl. *Huber*, Bd. II, S. 407 f. Da sie eines spezifischen Arbeitnehmer- oder Arbeitgeberinteresses entbehrt, scheidet sie bereits hier aus und bedarf insoweit keiner Untersuchung.

[48] s. o. § 4 I 2 c.

[49] *Forsthoff*, Gutachten, S. 20; *Rüthers*, Arbeitskampf, S. 82.

nung in hohem Maße die Sozialordnung beeinflußt, verleiht dem arbeitspolitischen Arbeitskampf eine verfassungspolitische und verfassungsrechtliche Bedeutung ersten Ranges.

Allerdings ist nicht zu leugnen, daß außer dem arbeitspolitischen auch der arbeitsrechtliche Arbeitskampf politische Effekte bewirkt, weil sich beide Kampfarten im Bereiche des Wirtschafts- und Soziallebens abspielen[50]. Es hieße aber die Dinge auf den Kopf stellen, wollte man für beide Kampfarten von der partiell vergleichbaren Folgewirkung auf eine Identität im Grunde schließen[51]. Auch aus der Vielfalt und Wirksamkeit, in denen sich heute in demokratischen Staaten die Repräsentation organisierter Interessen vollzieht[52], kann nicht ohne weiteres auf die Rechtmäßigkeit jedes Mittels zur politischen Willensbildung geschlossen werden[53].

b) Die vorgefundenen Meinungen

Rechtsprechung und Lehre haben nahezu einhellig, wenn auch mit abweichender Begründung, den arbeitspolitischen Arbeitskampf als rechtswidrig qualifiziert[54]:

Der Arbeitskampf „mit dem Ziel, durch die Herbeiführung von Wirtschaftsstörungen einen Druck auf den Bundestag auszuüben ... stellt einen Angriff auf das verfassungsmäßig geordnete Verfahren der Staatswillensbildung dar ... und ist unter allen Umständen und offensichtlich verfassungswidrig"[55]. Ohne auf die Frage der Verfassungswidrigkeit einzugehen wird andererseits der arbeitspolitische Arbeitskampf als eine sozialinadäquate Handlung gewertet[56], die daher i. S. d. § 823 Abs. 1 BGB rechtswidrig ist, wenn nicht ein besonderer Rechtfertigungsgrund vorliegt.

Die Verschiedenheit rechtlicher Begründungen erklärt sich aus der erwähnten Dreieckslage: sie eröffnet die Möglichkeit, entweder das Verhältnis der sozialen Gegenspieler untereinander unter zivil- oder strafrechtlichem Aspekt[57] oder aber die zwischen dem sozialen und dem gesetz-

---

[50] Vgl. *Rüthers*, Streik, S. 121.
[51] So aber offenbar R. *Schmid* GMH 1954, 1.
[52] Vgl. *Kaiser*, Streik, S. 27.
[53] So aber *Fritz Bauer* JZ 1953, 649 ff.
[54] Vgl. *Hueck-Nipperdey*, Bd. II (1957), S. 643 ff. und *Maunz-Dürig*, Art. 9 RN 116 jeweils m. w. N.; ferner die Zusammenstellung bei *Lerche*, Arbeitskampf, S. 21 FN 60 und bei *Rüthers*, Streik, S. 144. — A. A. jedoch *Abendroth* GMH 1954, 258; *Fritz Bauer* JZ 1953, 649; R. *Schmid* GMH 1954, 1.
[55] *Forsthoff*, Gutachten, S. 5 Leitsatz 3.
[56] Vgl. etwa *Nipperdey*, Gutachten, S. 44.
[57] Vgl. *Doerk*, S. 42 ff. und *Niese*, S. 17 ff.

gebenden Gegenspieler bestehende Beziehung unter allgemeinen verfassungsrechtlichen Gesichtspunkten stärker hervorzuheben[58]. Eine gewisse Unsicherheit dieser wahlweisen Betrachtung wird spürbar, wenn sich im Rahmen einer „Gesamtschau" Formulierungen finden, wonach die verfassungswidrige Nötigung des gesetzgebenden Gegenspielers ohne weiteres die Rechtswidrigkeit der Handlung auch im Verhältnis zum sozialen Gegenspieler begründet[59] oder vice versa die Verfassungswidrigkeit aus der zivil- oder strafrechtlichen Rechtswidrigkeit folge[60].

Diese Unsicherheit ist Ausdruck davon, daß letzte Zweifel an der Problematik des arbeitspolitischen Arbeitskampfes nicht behoben sind. Der Versuch, dem arbeitspolitischen Arbeitskampf mittels allgemeiner verfassungsrechtlicher Erwägungen sowie zivil- und strafrechtlicher Vorstellungen zu begegnen, muß so lange unbefriedigt lassen, als Art. 9 Abs. 3 S. 3 GG eine gegenteilige Deutung zuläßt. Denn so lange bleibt die Frage unbeantwortet, ob diese Bestimmung nicht gerade als lex specialis zu verstehen ist, die die allgemeinen verfassungsrechtlichen Erwägungen verdrängt und etwa im Rahmen einer zivil- und strafrechtlichen Würdigung rechtfertigende Wirkung besitzt. Es gilt daher die Frage zu entscheiden, ob Art. 9 Abs. 3 S. 3 GG dem arbeitspolitischen Arbeitskampf im Notstandsfall verfassungsrechtlichen Schutz gewährt.

c) Synoptische Betrachtungsweise

Die Entstehungsgeschichte ergab, daß der Zusatz „zur Wahrung und Förderung von Arbeits- und Wirtschaftsbedingungen" gerade deshalb in Art. 9 Abs. 3 S. 3 GG aufgenommen wurde, um den arbeitspolitischen Arbeitskampf bereits von Verfassungs wegen auszuschließen[61]. Indessen erfüllt dieser Zusatz die gesetzgeberischen Erwartungen nicht ohne weiteres. Die historische Interpretation allein kann jedenfalls kaum als ausreichender Grund für ein verfassungsrechtliches Verdikt des arbeitspolitischen Arbeitskampfes angesehen werden. Zwar haben auch die Gewerkschaften diesen Zusatz bekämpft, weil sie darin einen Ausschluß des arbeitspolitischen Arbeitskampfes zu erkennen glaubten. Aber auch die gewerkschaftliche Stellungnahme hat sicher nicht mehr als indiziellen Wert, zumal sich in ihr ebenso gut nur die Taktik verbergen mag, das Unmögliche zu fordern, um das Mögliche zu erreichen.

---

[58] Vgl. *Forsthoff*, Gutachten, S. 20 ff.; *A. Hueck*, Gutachten, S. 35 ff.; *Rüthers*, Streik, S. 79 ff.
[59] *Forsthoff*, Gutachten, S. 5 Leitsatz 5 und S. 20 ff. (30); vgl. dazu die Kritik bei *Nipperdey*, Gutachten, S. 19, 27 ff.
[60] Vgl. *Nipperdey*, Gutachten, S. 19: „man kann doch wohl ... die Handlungen der Bürger und ihrer Organisation ... als verfassungswidrig bezeichnen, die rechtswidrig sind ...".
[61] s. o. § 2 III 2 c.

Die Zweifel an der verfassungsrechtlichen Wertung des arbeitspolitischen Arbeitskampfes durch Art. 9 Abs. 3 S. 3 GG haben sich aufgrund eines isolierten Begriffsverständnisses ergeben, das den Sinnzusammenhang unberücksichtigt läßt, in den die Begriffe „Arbeitskampf" und „Wahrung und Förderung von Arbeits- und Wirtschaftsbedingungen" gestellt sind. Erst eine synoptische Betrachtungsweise kann zeigen, ob jene Zweifel berechtigt sind.

Der Arbeitskampfbegriff umschreibt ein Wechselspiel sozialer Kräfte im Verhältnis der Arbeitskampfparteien. Im arbeitsrechtlichen wie im arbeitspolitischen Arbeitskampf ist dieses gegenseitige Kräftemessen der Arbeitskampfparteien gegeben. So wäre es denkbar, den arbeitspolitischen Streik mit einer Abwehraussperrung zu beantworten[62]. Beide Kampfarten unterscheiden sich in ihrem politischen Effekt nur dadurch, daß dieser im arbeitsrechtlichen Kampf unbeabsichtigte Nebenfolge, im arbeitspolitischen dagegen beabsichtigte Hauptfolge ist. Während aber die Parteien im arbeitsrechtlichen Kampf die Möglichkeit zur gegenseitigen Verständigung in der Sache besitzen, bleibt im arbeitspolitischen Arbeitskampf kein Raum zur Befriedung im Wege gegenseitigen Nachgebens, weil die Arbeitskampfparteien zur Bewilligung und Erfüllung arbeitspolitischer Forderungen nicht imstande sind. Aber gerade diese Möglichkeit der Befriedung zwischen den Arbeitskampfparteien verlangt das Gesetz. Denn wenn der arbeitspolitische Arbeitskampf nur deswegen tatbestandlich Arbeitskampf ist, weil die Kampfmaßnahmen direkt zwischen den Arbeitskampfparteien ausgetragen werden, dann muß folgerichtig die in Art. 9 Abs. 3 S. 3 GG formulierte Zweckbestimmung ebenfalls im direkten Verhältnis der Arbeitskampfparteien angesiedelt werden. Der arbeitspolitische Kampf als Mittel der politischen Folgewirkung ist jedoch im Verhältnis der Arbeitskampfparteien untereinander formaler Selbstzweck. Da der Arbeitskampf seine innere Berechtigung nicht aus dem Kampfe um des Kampfes willen empfängt, sondern nach der Vorstellung des Gesetzes aus der Zweckbestimmung „Wahrung und Förderung von Arbeits- und Wirtschaftsbedingungen", wird ihm diese innere Berechtigung entzogen, wenn er um unerreichbarer, weil unerfüllbarer Forderungen willen geführt wird.

Formelmäßig ausgedrückt: der Arbeitskampfbegriff legt den sozialen Wettkampf unabhängig der beabsichtigten oder unbeabsichtigten politischen Folgewirkung auf die sozialen Gegenspieler fest. Die Zweckbestimmung des Gesetzes verlangt, daß dieser Kampf zur Wahrung und Förderung von Arbeits- und Wirtschaftsbedingungen geführt wird. Also muß der Arbeitskampf der Verwirklichung dieses Zweckes gegenüber dem sozialen Gegenspieler dienen.

---

[62] Vgl. *Hueck-Nipperdey*, Bd. II (1957), S. 654 Ziff. 6.

Die Arbeitskampfpartei muß daher nicht nur direkter Adressat der Kampfmaßnahme sein, sondern direkter Adressat des Kampfzweckes. Wenn aber die Zweckbestimmung nicht zur leeren Formel werden soll, ist für sie eine potentielle Zweckverwirklichung zu verlangen[63]. Die Arbeitskampfpartei muß objektiv und subjektiv zur Zweckverwirklichung imstande sein. Dem subjektiven Absichtsmoment der angreifenden Partei muß also sinnvollerweise das objektive Moment der Realisierbarkeit auf Seiten der angegriffenen Partei korrespondieren. Eine Arbeitskampfpartei ist daher nur dann Adressat des Kampfzweckes, wenn sie rechtlich befugt und faktisch in der Lage ist, eine Rechtsmaterie mit der gegnerischen Partei zu regeln[64].

Die aus dem Arbeitskampfbegriff gewonnene Fixierung des Interessengegners auf den sozialen Gegenspieler bedingt somit zwangsläufig eine Verengung des eingangs weit gezogenen Interessengebiets. Während die Wahrung und Förderung von Arbeits- und Wirtschaftsbedingungen in Art. 9 Abs. 3 S. 1 GG ohne Einschränkung verstanden werden kann, ist sie in Art. 9 Abs. 3 S. 3 GG enger zu lesen: hier umfaßt sie nur den arbeitsrechtlichen Bereich, nicht den arbeitspolitischen, weil dieser einer Regelung durch die sozialen Gegenspieler entzogen ist.

Der rein politische wie der arbeitspolitische Bereich werden daher von Art. 9 Abs. 3 S. 3 GG nicht erfaßt[65]. Sie genießen im Notstandsfall keinen verfassungsrechtlichen Schutz[66].

3. Ausgangsfragen zur Behandlung von Grenzproblemen

Die exakte Bestimmung des Schutzumfanges ist für die Interpretation des Art. 9 Abs. 3 S. 3 GG von fundamentaler Bedeutung. Diese Grenzproblematik ist bisher noch nicht in ihrer Gesamtheit erkannt worden. Für gewöhnlich wird nur zwischen dem arbeitsrechtlichen und dem politischen Kampf abgegrenzt[67]. Wenn dieser vom geschützten koalitionsmäßigen Handeln geschieden werden kann, so ist damit aber nur der erste Schritt zur Präzisierung der Schutzklausel getan, deren vage Formulierung darüber hinaus den Eindruck vermittelt, als seien im übrigen sämtliche Arbeitskämpfe ohne Rücksicht auf ihre materielle Rechtmäßigkeit zum Schutzobjekt erhoben[68]. Die berichtete Entstehungsgeschichte

---
[63] Vgl. *Osswald*, S. 12; *Tillmann*, S. 30 f.; *Tomandl*, S. 9.
[64] In welcher Form diese Regelung erfolgen muß, soll in diesem Zusammenhang dahinstehen; vgl. zu dieser noch durchaus ungeklärten Frage *Dietz* JuS 1968, 6 m. w. N.
[65] Vgl. aus der notstandsrechtl. Literatur im Ergebnis ebenso: A. *Hueck* RdA 1968, 430 (Sp. 2); *Reichel* DB 1968, 1314 (Sp. 1); *Rüthers* DB 1968, 1948 (1950).
[66] Von der Sonderproblematik des Art. 20 Abs. 4 GG wird abgesehen.
[67] Vgl. etwa *Hueck-Nipperdey*, Bd. II/Tl. 2 (1970), S. 917 f.
[68] So *Hueck-Nipperdey*, a.a.O.

gibt Anlaß zu der Vermutung, daß die Schutzklausel genau diesen Eindruck erwecken sollte[69]. Erst die genaue Analyse wird zeigen, ob dieser Eindruck begründet ist.

Zugleich muß jedoch vor der Neigung gewarnt werden, den Schutzumfang des Art. 9 Abs. 3 S. 3 GG dadurch einzuengen, indem unerwünschten Arbeitskämpfen pauschal der Stempel des Politischen aufgedrückt wird. Die Theorie vom Umschlagen arbeitsrechtlicher in politische Arbeitskämpfe ist davon nicht weit entfernt[70]. Indessen ginge eine derartige „politisierende" Betrachtung von vornherein fehl, weil damit keinesfalls sämtliche materiell rechtswidrigen Arbeitskämpfe aus der Schutzklausel verbannt werden könnten, ganz davon abgesehen, daß die Abgrenzungen ins Fließen gerieten[71].

Arbeitsrechtliche Arbeitskämpfe lassen sich von den nicht geschützten politischen durch das Kriterium der „Realisierbarkeit zwischen den Arbeitskampfparteien" unterscheiden. Einer besonderen Hervorhebung der Kampfrichtung durch die h. L. bedarf es nicht. Dies bringt vielmehr die Gefahr mit sich, die absichtlich politische Kampfrichtung mit unabsichtlichen politischen Folgewirkungen zu vermengen. Demgegenüber ist das Kriterium potentieller Zweckverwirklichung davon frei. Infolgedessen bestehen keine Bedenken, es über den speziellen Abgrenzungsfall hinaus, allgemein zur schärferen Konturierung der zunächst nur allgemein gehaltenen Gemeinwohlbindung und damit zur Präzisierung der „Wahrung und Förderung von Arbeits- und Wirtschaftsbedingungen" zu verwenden[72].

Nachfolgend wird daher der Versuch unternommen, die vage Formel der „Wahrung und Förderung von Arbeits- und Wirtschaftsbedingungen" nicht von außen durch Herantragen kollidierender und konkurrierender Schutzbereiche einzuengen, sondern sie anhand des Kriteriums „gemeinwohlgebundener Realisierbarkeit" von innen heraus zu entwickeln und sie von innen heraus einzugrenzen.

4. Rechtliche Unmöglichkeit

Davon ausgehend, daß Arbeitskämpfe im Notstand keinen verfassungsrechtlichen Schutz genießen, wenn sie der gemeinwohlgebundenen Realisierbarkeit widersprechen, können zunächst zwei grundsätzliche Gruppie-

---

[69] z. B. hat die von *Nipperdey* in der parlamentarischen Beratung vorgeschlagene Differenzierung geringe oder gar keine Resonnanz gefunden — s. o. § 2 III 4 a, — während umgekehrt den gewerkschaftlichen Bedenken — s. o. § 2 III 2 b (Ziff. 6) — zumindest ganz allgemein entgegengetreten worden war.
[70] Vgl. *Lohse*, S. 42 ff., 171 ff., 199; *Kaiser*, Streik, S. 32 f.; *Rüthers*, Streik, S. 84 ff.
[71] Vgl. die Kritik bei *Hueck-Nipperdey*, Bd. II/Tl. 2 (1970), S. 917 M.
[72] Diese Unterscheidung hat nichts gemein mit der problematischen Differenzierung zwischen erkämpfbaren und nur freiwillig erfüllbaren tarifver-

rungen nach der rechtlichen und tatsächlichen Unmöglichkeit der Zweckverwirklichung unterschieden werden. Diese Gruppierungen wiederum lassen sich jeweils durch neuerliche, im Zivilrecht hinlänglich bekannte Untergliederungen weiter auffächern.

a) Anfängliche rechtliche Unmöglichkeit

Anfängliche rechtliche Unmöglichkeit ist gegeben, wenn die Regelungsbefugnis den Arbeitskampfparteien von Anfang an entzogen ist. Dies ist der Fall beim rein politischen und dem arbeitspolitischen Arbeitskampf[73].

Von diesem Standpunkt aus ist auch die Frage nach dem verfassungsrechtlichen Schutz für demonstrative Arbeitskämpfe, etwa den sog. Demonstrationsstreik, zu beantworten. Er kann politischer, arbeitspolitischer oder arbeitsrechtlicher Natur sein; letzterenfalls ist er häufig sog. Warnstreik. Während der eigentliche Kampfstreik mit der Zweckbestimmung geführt wird, durch ihn den Gegner unmittelbar zum Nachgeben zu zwingen, will der Demonstrationsstreik entweder nur den Unwillen über eine Situation zum Ausdruck bringen oder aber die Entschlossenheit der Arbeitnehmer bekunden, zum Kampfstreik zu schreiten, wenn ihre Forderungen nicht erfüllt werden[74].

Ein Demonstrationsstreik genießt keinen Schutz nach Art. 9 Abs. 3 S. 3 GG, wenn er politischen oder arbeitspolitischen Inhalt hat, da die angegriffene Arbeitskampfpartei zur Zweckverwirklichung aus eigenem Willensentschluß rechtlich nicht imstande ist. Demgegenüber ist ein Demonstrationsstreik in der Form des Warnstreiks dann geschützt, wenn mit der Arbeitsniederlegung einer arbeitsrechtlichen Forderung Nachdruck verliehen werden soll. Die angegriffene Arbeitskampfpartei soll zu einer Regelung veranlaßt werden, zu der sie rechtlich befugt ist.

Eine besondere Form des Streiks, und zwar des arbeitsrechtlichen[75], ist der sog. Sympathiestreik. Die streikenden Arbeitnehmer haben keine Forderungen gegen die eigenen Arbeitgeber, vielmehr wollen sie einen anderen, nämlich den Hauptstreik unterstützen, der von dritten Arbeitnehmern gegen deren Arbeitgeber geführt wird[76].

Diese Sympathiestreiks sind nach dem Vorstehenden nicht Schutzobjekt des Art. 9 Abs. 3 S. 3 GG. Die angegriffene Arbeitskampfpartei ist rechtlich nicht befugt, regelnd in den Hauptstreik einzugreifen. Die Zweck-

---

traglichen Regelungen; vgl. dazu *Hueck-Nipperdey*, Bd. II/Tl. 2 (1970), S. 1010 mit Anm. 35 d. Das tarifvertraglich Regelbare ist auch stets erkämpfbar.
[73] s. o. § 4 II 2 a und 2 c.
[74] *Dietz* JuS 1968, 2.
[75] Vgl. *Tomandl*, S. 9.
[76] *Dietz* JuS 1968, 2.

erreichung eines Sympathiestreiks ist im Verhältnis der unmittelbar Betroffenen von Anfang an subjektiv-rechtlich unmöglich[77].

b) Nachträgliche rechtliche Unmöglichkeit

Grenzfragen ergeben sich ferner dann, wenn den Arbeitskampfparteien nachträglich die Regelungsbefugnis entzogen wird. Damit ist der Fall angesprochen, daß zu Beginn des Arbeitskampfes ein arbeitsrechtlicher Zweck vorgegeben war, eine staatliche Instanz jedoch während des Kampfes den Gegenstand arbeitsrechtlicher Auseinandersetzung[78] an sich zieht[79], um ihn durch staatlichen Hoheitsakt abschließend zu regeln, der Arbeitskampf aber trotzdem ohne Änderung der Zweckbestimmung fortdauert. Der Entzug der Regelungsbefugnis im Kampfverlauf[80] hat die nachträgliche Unmöglichkeit der Zweckverwirklichung zur Folge, weil die angegriffene Arbeitskampfpartei die gegen sie gerichtete Forderung rechtlich nicht mehr erfüllen kann. Der verfassungsrechtliche Schutz des Art. 9 Abs. 3 S. 3 GG entfällt mit dem Eintritt rechtlicher Unmöglichkeit ipso iure.

Hier gewinnt das Kriterium der gemeinwohlgebundenen Realisierbarkeit besondere Bedeutung. Zum Teil wurde der Fall nachträglicher rechtlicher Unmöglichkeit als Wechsel des Kampfadressaten gewertet und demzufolge als politischer Arbeitskampf behandelt[81]. Dieser Auffassung wurde einerseits zu Recht entgegengehalten, daß trotz Entzugs der Regelungsbefugnis die Arbeitskampfpartei Adressat der Kampfmaßnahme bleibt[82], andererseits fand jedoch der Umstand keine Berücksichtigung, daß die Arbeitskampfpartei als Adressat der Zweckverwirklichung ausgeschieden ist. Ursache dieser Vernachlässigung mag die Bemühung gewesen sein, den Kampfadressaten als alleiniges Abgrenzungskriterium herauszustellen, während nach der Regelung des Art. 9 Abs. 3 S. 3 GG Kampfadressat und die die potentielle Zweckverwirklichung voraussetzende Zweckbestimmung zusammengesehen werden müssen.

---

[77] Während *Brox-Rüthers*, S. 127 und *Rüthers* BB 1964, 312 den Sympathiearbeitskampf für rechtswidrig halten, steht die bislang h. M. auf gegenteiligem Standpunkt; vgl. etwa *Hueck-Nipperdey*, Bd. II/Tl. 2 (1970), S. 1009 m. w. N. und dem gegenwärtigen Meinungsstand in Anm. 35. — *A. Hueck* stellt daher in RdA 1968, 430 den Sympathiearbeitskampf unter den Schutz des Art. 9 Abs. 3 S. 3 GG.

[78] Dabei ist etwa an die Frage der Lohnfortzahlung in Krankheitsfällen zu erinnern; vgl. *Nikisch*, Bd. II, S. 137 Anm. 32.

[79] Zur verfassungsrechtlichen Zulässigkeit vgl. *Biedenkopf*, S. 111 ff.; *Hueck-Nipperdey*, Bd. II/Tl. 1 (1966), S. 370; *Lerche*, Arbeitskampf, S. 51; *Weber* in Festschrift für OLG Celle, S. 248 m. w. N.

[80] *Kaiser*, Streik, S. 20 spricht von einem ius evocandi.

[81] Vgl. *Kaiser*, Streik, S. 20.

[82] *Hueck-Nipperdey*, Bd. II/Tl. 2 (1970), S. 885 in Anm. 10 a M und S. 1014.

Es ist daher ein Irrtum, den wegen nachträglicher rechtlicher Unmöglichkeit rechtswidrig gewordenen Arbeitskampf weiterhin dem Schutz des Art. 9 Abs. 3 S. 3 GG zu unterstellen[83].

c) Teilweise rechtliche Unmöglichkeit

Wird ein Arbeitskampf zur Durchsetzung mehrerer Zwecke, nämlich zur Durchsetzung arbeitsrechtlicher und arbeitspolitischer Forderungen geführt, so versagt der verfassungsrechtliche Schutz, soweit partiell ein arbeitspolitischer Arbeitskampf vorliegt. Das gleiche muß aber auch für den partiell arbeitsrechtlichen Arbeitskampf dann gelten, wenn dieser ohne die arbeitspolitische Forderung nicht geführt worden wäre[84]. Denn in einem solchen Falle findet eine Unterordnung des partiell arbeitsrechtlichen unter den partiell arbeitspolitischen Arbeitskampf statt: der arbeitsrechtliche Aspekt ist lediglich Vorwand oder unbedeutender Nebenzweck.

Liegt dagegen eine derartige Abhängigkeit nachweislich nicht vor und kann infolgedessen der arbeitsrechtliche Teilaspekt vom arbeitspolitischen isoliert werden[85], so aktualisiert sich der Schutz nach Art. 9 Abs. 3 S. 3 GG für den partiell arbeitsrechtlichen Arbeitskampf.

Gewisse Bedenken bereiten diejenigen Fälle, die weder den Nachweis der Isolierbarkeit noch den Nachweis arbeitspolitischer Abhängigkeit erlauben. Sie bergen die Frage, ob dem partiell arbeitsrechtlichen Arbeitskampf „im Zweifel" verfassungsrechtlicher Schutz zu versagen ist. Ein dahingehender allgemeiner Rechtssatz existiert jedoch nicht[86]. Vielmehr ist es das Bestreben jeder freiheitlich-demokratischen Verfassungsstruktur, einen möglichst weitgehenden Schutz zu gewährleisten. „Im Zweifel" steht daher der partiell arbeitsrechtliche Arbeitskampf unter dem Schutz des Art. 9 Abs. 3 S. 3 GG.

5. Tatsächliche Unmöglichkeit

a) Anfängliche tatsächliche Unmöglichkeit

Gegenstand der bisherigen Erörterung waren die sich aus einer rechtlichen Unmöglichkeit der Zweckverwirklichung ergebenden Grenzfälle. Im folgenden ist denjenigen Fragen nachzugehen, die sich aufgrund einer

---

[83] So aber *Hueck-Nipperdey*, Bd. II/Tl. 2 (1970), S. 885 i. V. m. S. 917.
[84] Vgl. *Hueck-Nipperdey*, Bd. II/Tl. 2 (1970), S. 1015 f.
[85] *Reuß*, AuR 1966, 33 f.; zust. *Söllner*, S. 93 Anm. 33.
[86] So offenbar, aber ohne Begründung *Hueck-Nipperdey*, Bd. II/Tl. 2 (1970), S. 1015 f.

auf tatsächlichen Gründen beruhenden Unmöglichkeit der Zweckverwirklichung stellen.

Keiner besonderen Hervorhebung bedürfen solche Arbeitskämpfe, deren erklärtes Ziel die wirtschaftliche Existenzvernichtung des Kampfgegners ist. Derartige ruinöse Arbeitskämpfe sind bereits deshalb nicht Schutzobjekt des Art. 9 Abs. 3 S. 3 GG, weil sie außerhalb der dort vorausgesetzten Zweckbestimmung liegen. Denn ein Streik, mit dem Zweck, den Gegner zu ruinieren, wäre ein Streik zur Vernichtung der eigenen Arbeitsplätze[87]; eine Aussperrung mit dem Zweck der wirtschaftlichen Existenzvernichtung der Arbeitnehmer, eine Aussperrung zur wirtschaftlichen Vernichtung der eigenen Arbeitskräfte.

Problematisch sind jedoch solche Arbeitskämpfe, bei denen nicht schon die Zweckbestimmung an sich, sondern erst ihre Verwirklichung in der wirtschaftlichen Ruinierung des Kampfgegners besteht. Damit ist die Frage gestellt, ob Arbeitskämpfe nur dann Schutzobjekt des Art. 9 Abs. 3 S. 3 GG sind, wenn die Zweckbestimmung sich an den Daten tatsächlicher Realisierbarkeit orientiert.

Besonders anschaulich für die in Betracht zu ziehenden Fälle sind die wirtschaftlichen Grenzbetriebe, die entweder überhaupt keinen oder nur einen unbedeutend geringen Gewinn erzielen und aus Wettbewerbsgründen eine Steigerung der Lohnkosten nicht auf die Preise abwälzen können. Für diese Unternehmen hat auch die gemäßigtste Lohnsteigerungsforderung ruinöse Folgen[88]. Von einem Regulativ der „Kräftekonstellation der Parteien"[89] kann hier im Rahmen einer kampfweisen Auseinandersetzung kaum mehr gesprochen werden.

Vor allem aber ist kein Grund ersichtlich, warum der Arbeitnehmerseite verfassungsrechtlicher Schutz gewährt werden sollte, im Wege des Arbeitskampfes einen Betrieb zu vernichten, sei er auch noch so unwirtschaftlich geführt, wenn feststeht, daß die Zweckverwirklichung des Arbeitskampfes von Anfang an aus tatsächlichen Gründen subjektiv unmöglich ist[90]. Der unzufriedenen Arbeitnehmerseite verbleibt in solchen Fällen nur die Möglichkeit zur Kündigung ihrer Individualarbeitsverträge, eine Entscheidung, vor die sie unabhängig davon gestellt ist, ob nun zuvor noch ein im Hinblick einer Verbesserung der Arbeitsbedingungen völlig nutzloser Streik geführt wird oder nicht.

Dieser Wertung vermag man sich auch kaum mit der Erwägung zu entziehen, es könne grundsätzlich nicht Aufgabe der Gerichte sein, die rein

---

[87] Vgl. *Brox-Rüthers*, S. 148.
[88] Dieses Problem ist also nicht identisch mit der Frage nach dem „gerechten Lohn".
[89] So *Niese*, S. 56.
[90] Vgl. aber *Brox-Rüthers*, S. 148 f.

§ 4 Schutzobjekt des Art. 9 Abs. 3 S. 3 GG

wirtschaftliche Frage zu untersuchen, ob die Arbeitgeber zur Bewilligung der geforderten Lohnerhöhung in der Lage sind[91]. Denn diese Erwägung ist vor allem getragen von der Schwierigkeit der Sachverhaltserforschung, die jedoch heute angesichts der Transparenz wirtschaftlicher Unternehmungen nicht überschätzt werden sollte. Diese Schwierigkeit wird vollends durch beweisrechtliche Grundsätze gemildert, wonach die Arbeitgeber für die tatsächliche Unmöglichkeit darlegungs- und beweispflichtig wären.

b) Teilweise tatsächliche Unmöglichkeit

An der geschilderten Rechtslage anfänglicher tatsächlicher Unmöglichkeit vermag auch der Kampf um einen Verbandstarif nichts zu ändern[92]; vielmehr wäre ein Kampf der Arbeitnehmer dann teilweise unmöglich und genösse dann insoweit keinen Schutz durch Art. 9 Abs. 3 S. 3 GG.

Zwar kann nicht verlangt werden, daß sich die gesamte Durchführung der Kampfmaßnahme um einen Verbandstarif nach dem schwächsten Glied in der gegnerischen Kette richte, es ist aber unschwer vorstellbar, daß der Arbeitskampf diese schwächsten Glieder ausnimmt, gewissermaßen verschont, so wie es denkbar ist, einen Verbandstarif unter Ausscheidung bestimmter Arbeitgeber abzuschließen[93].

c) Nachträgliche tatsächliche Unmöglichkeit

Einer gesonderten Betrachtung bedürfen diejenigen Arbeitskämpfe, die zwar subjektiv wegen arbeitsrechtlicher Zwecke geführt werden, jedoch im Verlaufe der vielleicht bundesweiten Auseinandersetzung mit Bestreikung ganzer Industriezweige und dadurch ausgelöster Aussperrungsmaßnahmen in eine echte Gefährdung gesamtwirtschaftlicher Belange ausmünden. Eine volkswirtschaftliche Gefahr durch überregionale „Sozialschlachten" ist bisher in der Bundesrepublik Deutschland noch nicht aktuell geworden, ihre kaum übersehbare Bedeutung verlangt jedoch eine klare verfassungsrechtliche Wertung[94].

Zum Teil wird sie in der Erwägung vorgenommen, die Quantität bewirke einen Umschlag in die Qualität[95], das Politische verwirkliche sich in

---
[91] Vgl. aber *Hueck-Nipperdey*, Bd. II/Tl. 2 (1970), S. 1031.
[92] Vgl. aber *Bertele*, S. 26; *Brox-Rüthers*, S. 148 f.; *Hueck-Nipperdey*, Bd. II/Tl. 2 (1970), S. 1031 mit Anm. 87 a; *Nikisch*, Bd. II, S. 140; *Reuß*, Arbeitskämpfe, S. 188.
[93] Die Abgrenzung des persönlichen Geltungsbereichs ist Sache des einzelnen Tarifvertrages; vgl. *Hueck-Nipperdey*, Grundriß, S. 237.
[94] Vgl. *Rüthers*, Arbeitskampf, S. 89.
[95] Vgl. insb. *Franz Bauer* DB 1968, 1535 Sp. 2; *Brox-Rüthers*, S. 33, 59; *Kaiser*,

der äußeren Wirkung, nämlich in der Gefährdung der Volkswirtschaft, die in den „Wirtschaftsstaaten" gleichzeitig eine Gefährdung der staatlichen Ordnung darstellen und damit einen erhöhten politischen Effekt bewirken. Überregionale Sozialschlachten seien folglich dem Begriff des politischen Arbeitskampfes zu subsumieren.

Diese Wertung aber scheint gegen die Wertung des Art. 9 Abs. 3 S. 3 GG zu verstoßen[96]. Arbeitskämpfe sind dann Schutzobjekt des Art. 9 Abs. 3 S. 3 GG, wenn die angegriffene Arbeitskampfpartei Adressat der Zweckverwirklichung ist. Der Schutz des Art. 9 Abs. 3 S. 3 GG versagt also nicht wegen einer beabsichtigten oder unbeabsichtigten politischen Folgewirkung und nicht wegen der mehr oder minder erheblichen politischen Relevanz, sondern nur dann, wenn die Arbeitskampfparteien aus rechtlichen oder tatsächlichen Gründen zur Zweckverwirklichung nicht in der Lage sind. Dabei ist allerdings zu bedenken, daß das Abundieren sozialer Kämpfe zwangsläufig die tatsächliche Unmöglichkeit einer Regelung durch die Arbeitskampfparteien heraufbeschwört. So sind Fälle vorstellbar, in denen arbeitsrechtliche Arbeitskämpfe infolge ihres Ausmaßes und ihrer Vielzahl die Wirtschafts- und Sozialordnung in einer Weise erschüttern, so daß objektiv eine „Wahrung und Förderung" von Arbeits- und Wirtschaftsbedingungen selbst bei subjektiver Bereitschaft der Arbeitskampfparteien nicht mehr realisierbar ist, weil die dafür erforderliche gesamtwirtschaftliche Grundlage weggefallen ist.

Derlei Arbeitskämpfe fügen sich zwanglos in das System einer auf tatsächlichen Gründen beruhenden nachträglich eintretenden objektiven Unmöglichkeit subjektiver Interessenverfolgung ein und scheiden damit als Schutzobjekt des Art. 9 Abs. 3 S. 3 GG aus. Wenn man berücksichtigt, daß der erhöhte politische Effekt sozialer Großfehden gerade aus der Gefahr tatsächlicher Unmöglichkeit einer arbeitsrechtlichen Regelung durch die Arbeitskampfparteien resultiert, so unterscheidet sich dieses Ergebnis von dem oben erwähnten nur in der Begründung.

6. Kampfregeln

Die vage Formel der „Wahrung und Förderung von Arbeits- und Wirtschaftsbedingungen" ist mit der bisherigen Systematisierung noch nicht ausgeschöpft. Das mehr oder minder abstrakt gehaltene Kriterium „gemeinwohlgebundener Realisierbarkeit" erlaubt vielmehr weitere Folgerungen auf konkrete, bei Arbeitskämpfen zu beobachtende Kampfregeln.

Streik, S. 20, 32; *Lohse*, S. 42 ff., 171 ff., 199; *Rüthers*, Streik, S. 85 ff. (128); *Rüthers*, Arbeitskampf, S. 89; *Rüthers* DB 1968, 1948; *Rüthers* GMH 1960, 31 (34 ff.).

[96] Vgl. etwa *Hueck-Nipperdey*, Bd. II/Tl. 2 (1970), S. 884 mit Anm. 10 a und *Säcker*, S. 86 ff. jeweils m. w. N.

Allgemein läßt sich eine Verpflichtung der Kampfparteien dahin formulieren, Arbeitskämpfe nur dann und nur unter solchen Bedingungen zu führen, die die Gefahr einer Unmöglichkeit gemeinwohlgebundener Zweckverwirklichung verhindern.

Konkrete Folgerungen aus diesem Grundsatz können jedoch nur beispielhaft sein, weil die im jeweiligen Arbeitskampf zu beachtenden Kampfregeln sich an dem jeweiligen Einzelfall orientieren müssen. Nur die wichtigsten Kampfregeln, die zum Teil bis zu einem völligen Kampfverbot reichen können, seien herausgegriffen:

a) Das Mißbrauchsverbot

Die Gemeinwohlbindung als Verbot des Mißbrauchs und Gebot der Ordnung und Befriedung des Arbeitslebens wird durch das Rechtsstaatsprinzip, den Grundsatz der Verhältnismäßigkeit und das Abwägungsgebot näher bestimmt. Damit wird den Kampfparteien etwa die Wahrung der tarifvertraglichen Friedenspflicht und des Ultima-Ratio-Prinzips, die Beobachtung der Strafgesetze und die Leistung von Notdienstarbeiten aufgegeben, die die Versorgung der Bevölkerung mit lebensnotwendigen Gütern sicherstellt.

Von hier aus könnte auch das Problem des Beamtenstreiks angegangen werden, ohne es jedoch vertiefen zu wollen[97]. Es erscheint jedenfalls nicht fern, den Beamtenstreik generell oder in bestimmten Teilbereichen auch unter dem Aspekt zu verbieten, er gefährde die Versorgung der Bevölkerung mit den unerläßlich notwendigen behördlichen Leistungen.

b) Orientierung an volkswirtschaftlichen Daten?

Ausgehend von dem Gedanken, daß die Führung und Fortführung von Arbeitskämpfen die Gefahr eines Eintritts tatsächlicher Unmöglichkeit der Zweckverwirklichung vermeiden müssen, ergibt sich die Pflicht zur Beobachtung volkswirtschaftlicher Gesamtbelange. Dies in zweifacher Hinsicht: sowohl die kampfweise geltend gemachte Forderung, wie die Intensität der Kampfführung müssen sich an den Maßstäben volkswirtschaftlicher Realisierbarkeit messen lassen.

Welche Kriterien dazu im einzelnen bemüht werden dürfen, ist ein Problem für sich. Denn berücksichtigt man, daß der Kampf am Arbeitsmarkt nicht zuletzt eine Umstrukturierung sozialer Macht- und Vermögensverhältnisse bezweckt, so kann die volkswirtschaftliche Orientierung des Arbeitskampfes nicht gleichbedeutend sein mit einer verbind-

---

[97] Vgl. jüngst *Hanau* JuS 1971, 120 ff. mit einer Darstellung des Streitstandes.

lichen Orientierung an den Daten volkswirtschaftlichen Wachstums. Eine derartige Pflicht würde die Arbeitskampfparteien zu bloßen Vollzugsorganen von Sachverständigen[98] oder der von der Bundesregierung herausgegebenen Orientierungsdaten[99] machen und bestehende Ungleichgewichte perpetuieren.

Gutachten und Orientierungsdaten sind wertvolle Entscheidungshilfen für die Arbeitskampfparteien und insofern nicht schlechthin unbeachtlich[100]. Eine rechtsverbindliche Festlegung auf diese Daten wird jedoch kaum begründet werden können[101], weil diese Daten z. B. unberücksichtigt lassen, inwieweit etwa Lohnforderungen im Wege einer freiwilligen Gewinnreduzierung auf der Arbeitgeberseite in volkswirtschaftlichen Einklang gebracht werden können. Aus ähnlichen Erwägungen scheidet eine strikte Beobachtung der Lohn-Preis-Relation aus: Die Arbeitskampfpartei hat vielfach gar nicht die Möglichkeit, die Auswirkungen ihrer Lohnforderung im einzelnen auf das Preisgefüge vorauszusehen, da der Lohn nicht der einzige preisbildende Faktor ist[102].

c) Instandhaltungsarbeiten

Besondere Bedeutung erfährt das Kriterium potentieller Zweckverwirklichung hinsichtlich sogenannter Notarbeiten im Sinne von Instandhaltungsarbeiten. Damit sind diejenigen, auch während eines Arbeitskampfes erforderlichen Arbeiten angesprochen, die zur Erhaltung der Arbeitsplätze unerläßlich sind, damit nach Beendigung des Arbeitskampfes die Arbeit wieder aufgenommen werden kann; kurz: damit die Zweckverwirklichung nicht nachträglich unmöglich wird.

So müssen auch während eines Arbeitskampfes etwa im Bereich des Bergbaus die Pumpanlagen bedient werden, weil andernfalls die Gruben „absaufen" würden[103]. Über den Umfang und die Maßstäbe, die für die Pflicht zur Leistung von Instandhaltungsarbeiten im einzelnen anzulegen sind, ist hier nicht näher zu handeln[104]. Von methodischem Interesse ist

---

[98] Vgl. das Gesetz über die Bildung eines Sachverständigenrates v. 14. 8. 1963, BGBl I (1963), S. 685, aufgrund dessen ein von Gewerkschaften und Arbeitgeberverbänden bejahtes Gremium alljährlich eine Begutachtung der gesamtwirtschaftlichen Entwicklung vornimmt.

[99] Vgl. § 3 Stabilitätsgesetz, BGBl I (1967), S. 582, aufgrund dessen die Bundesregierung im Rahmen der marktwirtschaftlichen Ordnung im Falle der Gefährdung der Preisniveaustabilität, des Beschäftigtenstandes, des gesamtwirtschaftlichen Gleichgewichts oder eines stetigen Wirtschaftswachstums Orientierungsdaten erstellt.

[100] Ebenso *Hueck-Nipperdey*, Bd. II/Tl. 2 (1970), S. 1032.

[101] a. A. *Bulla*, AR-Blattei D, Arbeitskampf II E II Streik III 1 bb (8).

[102] Vgl. *Hueck-Nipperdey*, Bd. II/Tl. 2 (1970), S. 1031 mit Anm. 85 a und 86.

[103] Vgl. *Lauschke* DB 1970, 1175 ff.

[104] Vgl. *Lauschke*, S. 7 ff.

jedoch die Feststellung, daß sich die Verpflichtung zu Instandhaltungsarbeiten während der kampfweisen Auseinandersetzung nicht allein aus der individualarbeitsvertraglichen Treuepflicht ergibt[105], sondern direkt aus dem verfassungsgeborgenen kollektiven Arbeitsrecht.

III. „Vereinigungen im Sinne des Satzes 1"

1. Der Koalitionsbegriff

a) Art. 9 Abs. 3 S. 3 und Abs. 3 S. 1 GG

Die Schutzklausel des Art. 9 Abs. 3 S. 3 GG macht den verfassungsrechtlichen Schutz für Arbeitskämpfe ferner davon abhängig, daß die zur Wahrung und Förderung von Arbeits- und Wirtschaftsbedingungen geführten Arbeitskämpfe von Koalitionen getragen werden. Welche Voraussetzungen an den Koalitionsbegriff zu stellen sein werden, läßt sich aufgrund der gesetzestechnischen Verweisung unmittelbar nur durch Auswertung des Art. 9 Abs. 3 S. 1 ermitteln. Insoweit ist auf die dazu vorliegende Literatur und Rechtsprechung zu rekurrieren. Hier wird zu prüfen sein, ob zur Klärung der dort noch vorhandenen Zweifelsfragen mittelbar auch Art. 9 Abs. 3 S. 3 GG beiträgt, durch den Kontext etwa, in den die Begriffe „Arbeitskampf", „Wahrung und Förderung von Arbeits- und Wirtschaftsbedingungen" und „Koalitionen" gestellt sind.

b) Die Koalitionsaufgabe

Koalitionen können zunächst allgemein als personale Zusammenschlüsse verstanden werden, die sich in ihrem Bemühen um „Wahrung und Förderung von Arbeits- und Wirtschaftsbedingungen" konstituiert haben. Es ist von entscheidender Bedeutung für die Frage nach den einzelnen konstitutiven Koalitionsmerkmalen, ob die Zweckbindung als subjektive Koalitionsabsicht oder verobjektiviert als Koalitionsaufgabe begriffen werden muß.

Nachdem bereits oben bei der Erörterung Arbeitskampf und Arbeitskampfzweck eine Verobjektivierung im Hinblick auf eine potentielle Zweckverwirklichung vorgenommen wurde, kann hier die Antwort nicht anders lauten. Sie wird von folgender Überlegung getragen: Aus der Gegenüberstellung der Begriffe „Arbeitskampf" und „Koalitionen" ergibt sich, daß Art. 9 Abs. 3 S. 3 GG nur sinnvoll ist, wenn die Koalitionen als Vereinigungen verstanden werden, die begrifflich als Arbeitskampfpartei in Betracht kommen können. Der Verfassungsgesetzgeber geht also selbstverständlich davon aus, daß die Koalitionen in der Lage sein müs-

---

[105] So aber *Bertele*, S. 112 und zust. *Schell* BB 1969, 1179 (1180).

sen, Arbeits- und Wirtschaftsbedingungen notfalls mit dem Mittel des Arbeitskampfes zu wahren und zu fördern. Damit ist von Verfassungs wegen dem Koalitionsbegriff die wirksame und nachhaltige Zweckverwirklichung mit dem Mittel des Arbeitskampfes impliziert. Die Zweckbindung in Art. 9 Abs. 3 S. 1 GG darf folglich nicht als bloße Koalitionsabsicht, sondern muß als Koalitionsaufgabe verstanden werden.

Andererseits bedürfen die Koalitionen weiterer Qualifikationen, die sie über die bloße Parteistellung eines Arbeitskampfes herausheben. Die bloße Fähigkeit, Partei und damit Träger von Arbeitskämpfen zu sein, kann nicht hinreichen, weil sich andernfalls die Beschränkung des Art. 9 Abs. 3 S. 3 GG auf „Arbeitskämpfe, die von Vereinigungen i. S. d. S. 1 geführt werden", erübrigt hätte. Diese Beschränkung versteht sich vor dem Hintergrund der Gewährleistung einer Aufgabe, die sich als außerordentlich komplex und verantwortungsvoll erwiesen hat.

Koalitionen sind daher nur solche Vereinigungen, die sich zum Zwecke der Wahrung und Förderung von Arbeits- und Wirtschaftsbedingungen gebildet haben und sich zur Verwirklichung dieses Zweckes eignen[106].

c) Koalitionsmerkmale

Ist von der Koalition die Gewährleistung der komplexen Koalitionsaufgabe zu fordern, so lassen sich daraus die wesentlichsten konstitutiven Koalitionsmerkmale zwanglos ableiten[107].

Hier ist vor allem die Feststellung von Interesse, daß es sich bei den Koalitionen um festgefügte und auf Dauer angelegte Vereinigungen handeln muß. Ad-hoc-Vereinigungen im Sinne einer losen und nur vorübergehenden Verabredung sind zur Gewährleistung der Koalitionsaufgabe ungeeignet, weil ihnen der Überblick über die wirtschaftliche Gesamtsituation fehlt, der für eine zielbewußte und planmäßige Lohn- und Sozialpolitik erforderlich ist[108].

Gewisse Zweifel bestanden, ob die Kampffähigkeit und die Tariffähigkeit konstitutive Koalitionsmerkmale sind[109]. Wie Nikisch nachgewiesen

---

[106] BVerfGE 4, 96 (107; gekürzt): „Art. 9 Abs. 3 GG will nach Sinn und Zweck nur solche Vereinigungen schützen, die unabhängig genug sind, um die Interessen auf arbeitsrechtlichem und sozialrechtlichem Gebiet wirksam und nachhaltig zu vertreten"; fortgeführt von BVerfG 18, 18 (28); vgl. ebenso BAG DB 1968, 1715 (1716).

[107] Vgl. im einzelnen *Nikisch*, Bd. II, S. 5 ff. und *Hueck-Nipperdey*, Bd. II/Tl. 1 (1966), S. 82 ff.

[108] Vgl. *Dietz*, Grundrechte Bd. III/Tl. 1, S. 427; *Hueck-Nipperdey*, Bd. II/Tl. 1 (1966), S. 82; *Nikisch*, Bd. II, S. 7; *Scholz*, S. 47; *v. Münch* BK, Art. 9 RN 120; *Maunz-Dürig*, Art. 9 RN 96; a. A. *Ramm*, Gesellschaftsordnung, S. 189.

[109] So noch *Hueck-Nipperdey*, Bd. II (1957), S. 75.

hat, sind sie jedoch nicht Voraussetzungen, sondern Wirkungen der Koalitionseigenschaft[110].

Weiter umstritten ist dagegen, wie die Kampf- und die Tarifbereitschaft zu behandeln sind[111].

Obliegt den Koalitionen die wirksame und nachhaltige Erfüllung der Koalitionsaufgabe, so bedeutet insbesondere die fehlende Kampfbereitschaft einen Verzicht auf das effektivste Mittel. Andererseits kann jedoch die Kampfbereitschaft für solche Koalitionen keine Rolle spielen, die ohnehin mit einem Kampfverbot belegt sind, während sie sehr wohl ihrer Aufgabe verpflichtet sind und sie auf friedlichem Wege zu erfüllen suchen.

Beansprucht der Arbeitskampf in der Wirklichkeit eine hervorragende Bedeutung, so rechtfertigt dies noch nicht den Schluß, daß die Kampfbereitschaft als konstitutives Koalitionsmerkmal zu gelten habe[112]. Dagegen kann auch nicht eingewendet werden, daß der Systemzusammenhang des kollektiven Arbeitsrechts aufgelöst würde, der in einer logischen Verknüpfung zwischen Koalition, Arbeitskampf und Tarifvertrag besteht[113]. Denn dieser praktisch-wirkliche Systemzusammenhang gebietet nicht, daß jedem Tarifvertrag notwendig ein Arbeitskampf vorausgehen müßte. Aus diesem Grunde darf der Inhalt des Koalitionsbegriffs nicht auf die Bereitschaft zur Führung von Arbeitskämpfen reduziert werden. Dies würde eine unzulässige Einschränkung des Art. 9 Abs. 3 GG bewirken.

„Begriffsoffen" und insofern wenig scharf ist daher mit Scholz[114] die Koalition als freiheitliche Vereinigung von Arbeitnehmern und Arbeitgebern zu definieren, deren komplexe Aufgabe darin besteht, die gegenseitigen Belange des Arbeits- und Wirtschaftslebens in kooperativer und kontradiktorischer Verantwortung zu regeln.

2. Der wilde Streik

Der aufgrund einer verobjektivierten Zweckbindung gebildete Koalitionsbegriff erfaßt nur Vereinigungen, die sich zur Gewährleistung einer

---

[110] *Nikisch*, Bd. II, S. 5; neuerdings auch *Hueck-Nipperdey*, Bd. II/Tl. 1 (1966), S. 105 mit Anm. 50.

[111] Als konstitutive Koalitionsmerkmale werden sie betrachtet z. B. von *Hueck-Nipperdey*, Bd. II/Tl. 1 (1966), S. 105 ff. m. w. N.; vgl. ferner BAGE 4, 351 (352); 12, 184 (190 ff.). — a. A. dagegen *Nikisch*, Bd. II, S. 12 f.; *Maunz-Dürig*, Art. 9 RN 101; BVerfGE 18, 18 (27 ff.).

[112] So auch *Scholz*, S. 50 m. w. N.

[113] Wie hier *Weitnauer* DB 1970, 1639 (1640 Sp. 2 a. E.).

[114] *Scholz*, S. 50.

komplexen Koalitionsaufgabe eignen[115]. Ad hoc gebildete Gruppen begnügen sich regelmäßig mit der Verfolgung selektiver Interessen, die willkürlich je nach Aktualität aus der komplexen Koalitionsaufgabe herausgegriffen sind. Der selektive Erfolg einer solchen Gruppenaktion ist daher nicht identisch mit der Gewährleistung der Gesamtaufgabe. Der gelegentliche Erfolg wilder „tarifbezogener" Streiks[116] darf also nicht zu der Annahme verleiten, daß die von Fall zu Fall gebildete Ad-hoc-Vereinigung hinreichende Gewähr für die komplexe Koalitionsaufgabe böte.

Vielmehr sind dazu nur die auf Dauer angelegten Vereinigungen vermöge ihrer wirtschaftlichen Sachkunde in der Lage. Als Arbeitskampfpartei müssen die Koalitionen prüfen, ob sich die kampfweise Geltendmachung von Forderungen im Rahmen des Gemeinwohls hält, ob sie rechtlich und tatsächlich realisierbar ist und den Kampfregeln entspricht. Sie müssen in der Lage sein, die Einhaltung und Durchführung erkämpfter Gesamtvereinbarungen zu gewährleisten, insbesondere also die erforderliche Bestandsfähigkeit besitzen[117].

Eine liberale Wirtschaftsverfassung hat Sorge zu tragen, daß das scharfe Instrument des Arbeitskampfes nur solchen Trägern anvertraut wird, die sicherstellen, daß sie von ihm nur mit dem erforderlichen Verantwortungsbewußtsein Gebrauch machen werden[118]. Unzutreffend ist daher das Argument, es bestehe die Freiheit, daß mehrere gemeinsam tun dürfen, was jeder einzelne auch tun dürfe[119]. Denn auf der Arbeitnehmerseite ist der einzelne regelmäßig gar nicht kampffähig, sondern nur das Kollektiv. Darüber hinaus bringt Art. 9 Abs. 3 S. 3 GG klar zum Ausdruck, daß nicht jede kampffähige, sondern nur die besonders qualifizierte Vereinigung angesprochen ist.

Der wilde Streik ist daher nicht Schutzobjekt des Art. 9 Abs. 3 S. 3 GG[120]. Wenn Art. 9 Abs. 3 S. 3 GG von „Vereinigungen i. S. d. S. 1" spricht, meint er auf der Arbeitnehmerseite nur die gewerkschaftlichen Arbeitnehmerorganisationen[121]. Die gegenteilige Ansicht findet weder im Wortlaut noch in der Entstehungsgeschichte des Gesetzes[122] einen noch so entfernten Anhaltspunkt.

---

[115] Insoweit ist bereits Ramms Prämisse unzutreffend, Art. 9 Abs. 3 GG lasse die Dauerhaftigkeit der Koalition unberücksichtigt; vgl. *Ramm*, Gesellschaftsordnung, S. 188.

[116] Vgl. insb. *Rüthers* DB 1970, 2120 ff.

[117] Vgl. BVerfGE 4, 96; 18, 18; 20, 312.

[118] Zutreffend *Weitnauer* DB 1970, 1639 (1641 Sp. 1 a. E.); mit abweichender Begründung, aber im Erg. ebenso *Dietz* JuS 1968, 6 (Sp. 2 a. E.).

[119] *Ramm*, Gesellschaftsordnung, S. 188.

[120] Ebenso *A. Hueck* RdA 1968, 430 (Sp. 2 o.); *Rüthers* DB 1968, 1948 (1950 Sp. 1 a. E.).

[121] *Weitnauer* DB 1970, 1640 (Sp. 2 M).

[122] s. o. § 2 III 2 b Ziff. 6.

3. Die „wilde" Aussperrung

Seinem Wortlaut nach schützt Art. 9 Abs. 3 S. 3 GG nur die Arbeitskämpfe von Arbeitgeber- und Arbeitnehmerkoalitionen. Bei strenger Auslegung fällt danach eine Aussperrung, die von einem einzelnen Arbeitgeber geführt wird[123], nicht unter den Schutz der Vorschrift[124]. Dieses Ergebnis verwundert insofern, als der Gesetzgeber des Art. 9 Abs. 3 S. 3 GG einen Rechtszustand vorgefunden hat, in dem die Zulässigkeit arbeitsrechtlicher Aussperrungen des einzelnen Arbeitgebers dem Grundsatz nach nicht angezweifelt war[125] und der Gesetzgeber andererseits diesen Rechtszustand auch für den Notstand nicht verändern wollte[126]. Daß es sich bei der Gesetzesformulierung aber nicht lediglich um ein Redaktionsversehen handeln kann, zeigt die parlamentarische Beratung, in der diese Frage gesehen und behandelt worden ist[127].

Das Ergebnis wäre anders, wenn Art. 9 Abs. 3 S. 3 GG extensiv dahin interpretiert werden könnte, wonach als Schutzobjekt alle Arbeitskämpfe tariffähiger Arbeitskampfparteien anzusehen sind. Diese Auslegung wäre zutreffend, wenn es sich bei der Bezugnahme auf die „Vereinigungen des Satzes 1" um ein Synonym für die Tarifparteien handeln sollte[128]. Dagegen aber streiten der präzis gefaßte Wortlaut wie die dargelegte Entstehungsgeschichte. Der innere Grund für eine Beschränkung der Schutzklausel auf verbandsmäßige Aussperrungen muß vielmehr darin gesehen werden, daß sich der Gesetzgeber nur von den Verbänden die Gewährleistung der Koalitionsaufgabe und den verantwortungsbewußten Gebrauch des scharfen Instruments Arbeitskampf verspricht.

Abschließend ist jedoch zu bedenken, daß die Beschränkung der Schutzklausel keine übermäßig praktische Bedeutung besitzt, da Aussperrungen um Firmentarife nicht gerade häufig sind, sich zum anderen die nur ein einziges Unternehmen erfassenden Aussperrungen auch von einem Arbeitgeberverband führen lassen. Es handelt sich dann um eine Verbandsaussperrung, die auf ein Unternehmen konzentriert ist und um einen nur

---

[123] Zum Begriff der „wilden Aussperrung" vgl. *Hueck-Nipperdey*, Bd. II/ Tl. 2 (1970), S. 906.
[124] So *Hueck-Nipperdey*, Bd. II/Tl. 2 (1970), S. 906, 916 f.; *A. Hueck* RdA 1968, 430 (Sp. 2 o.); vgl. *Glückert* DB 1968, 2281 (Sp. 2 o.).
[125] Vgl. *Hueck-Nipperdey*, Bd. II/Tl. 2 (1970), S. 906: „da der einzelne Arbeitgeber tariffähig ist, ist ihm auch das Recht zu selbständiger Aussperrungsentschließung zuzuerkennen". — Die „wilde" Aussperrung soll danach allenfalls verbandswidrig sein, wenn sie während des Bestehens eines Verbandstarifs ohne oder sogar gegen den Willen des zuständigen Arbeitgeberverbandes durchgeführt wird.
[126] s. o. § 2 III 2 c.
[127] s. o. § 2 III 3 a.
[128] So *Rüthers* DB 1968, 1950 (Sp. 1 M); *Weitnauer* DB 1970, 1641 (Sp. 1 o.).

für dieses Unternehmen geplanten Tarifvertrag geführt wird[129]. Voraussetzung dazu ist lediglich, daß der Arbeitgeber Mitglied des kampfführenden Verbandes ist oder wird[130].

IV. Das Verhältnis zwischen Notstandsfestigkeit und der Rechtmäßigkeit von Arbeitskämpfen

1. Notstandsfestigkeit rechtswidriger Arbeitskämpfe?

Mit der Systematisierung der in Art. 9 Abs. 3 S. 3 GG festgelegten Schutzwürdigkeitsvoraussetzungen ist nunmehr die Basis gewonnen, von der aus die Frage beantwortet werden kann, ob im Notstandsfall auch der rechtswidrige oder nur der materiell rechtmäßige Arbeitskampf Schutzobjekt ist.

Per definitionem ist auch die rechtswidrige Maßnahme zur Störung des Arbeitsfriedens tatbestandlich Arbeitskampf. Rechtsprechung und Lehre haben einen Katalog der typischen Rechtmäßigkeitskriterien entwickelt[131]. Daß dieser Katalog trotz der Lehre vom sozialadäquaten Arbeitskampf[132] den Eindruck „unsystematischer Bündelung" erweckt, mag damit zusammenhängen, daß das prinzipielle Verhältnis von Arbeitskampf und Rechtmäßigkeit noch nicht völlig geklärt ist[133].

Die Auslegung der Formel „Wahrung und Förderung von Arbeits- und Wirtschaftsbedingungen" und „Vereinigungen i. S. d. S. 1" hat indessen die einzelnen Voraussetzungen aufgezeigt, unter denen Arbeitskämpfe Schutzobjekt des Art. 9 Abs. 3 S. 3 GG sind. Sie sind eingebettet in das einfache System der gemeinwohlbezogenen Realisierbarkeit koalitionsmäßiger Zweckbestimmung.

Für das Eingreifen verfassungsrechtlichen Schutzes im Notstandsfall sind jedoch diese einzelnen Voraussetzungen logisch nicht notwendig identisch mit den einzelnen materiellen Rechtmäßigkeitsvoraussetzungen. So wäre es theoretisch denkbar, von Verfassungs wegen auch rechtswidrige Arbeitskämpfe von bestimmten Notstandsmaßnahmen auszunehmen[134]. Die Erwägung, daß die Verfassung nicht rechtswidrige Arbeitskämpfe oder gar die Instrumente zu ihrer Vernichtung gewährleisten könne, folglich nur rechtmäßige Arbeitskämpfe geschützt seien[135], ist inso-

---

[129] Vgl. *Rüthers* DB 1968, 1950 (Sp. 1 M).
[130] Diese Frage ist etwa für das VW-Werk akut, das keinem Arbeitgeberverband angehört.
[131] Vgl. die Übersicht bei *Lerche*, Arbeitskampf, S. 20 f.
[132] Vgl. bereits *Hueck-Nipperdey*, Bd. II (1957), S. 637 ff.
[133] So *Lerche*, Arbeitskampf, S. 21.
[134] Vgl. *v. Barby* AuR 1968, 267 (270 Sp. 1).
[135] *Rüthers* DB 1968, 1949 (Sp. 2 o.), 1950, 1951 (Sp. 1).

fern fehl am Platze, weil keine Veranlassung besteht, aus der denkbaren Verschonung rechtswidriger Arbeitskämpfe vor Notstandsmaßnahmen eine allgemeine verfassungsrechtliche Gewährleistung rechtswidriger Arbeitskämpfe zu folgern.

Die Vermutung, daß die Voraussetzungen für die Notstandsfestigkeit identisch seien mit den Voraussetzungen für die materielle Rechtmäßigkeit, ist danach theoretisch nicht zwingend, zumal es bei einem entsprechenden Willen des Gesetzgebers nahe gelegen hätte, gesetzestechnisch statt von „Arbeitskämpfen zur Wahrung und Förderung von Arbeits- und Wirtschaftsbedingungen, die von Vereinigungen i. S. d. S. 1 geführt werden" schlicht von rechtmäßigen Arbeitskämpfen zu sprechen. Vor diesem gedanklichen Hintergrund versteht sich auch eine diesbezügliche Anregung während der parlamentarischen Beratung des Gesetzes[136] und ferner die neuerdings gezogene Schlußfolgerung, Art. 9 Abs. 3 S. 3 GG nehme auch rechtswidrige Arbeitskämpfe von Notstandsmaßnahmen aus[137].

2. Identität der Schutz- und Rechtmäßigkeitsvoraussetzungen

Wenn auch theoretisch ein Unterschied zwischen den Voraussetzungen für die Notstandsfestigkeit und den Voraussetzungen für die Rechtmäßigkeit denkbar wäre und diese strengeren Maßstäben unterliegen könnten als jene, so hat doch die praktische Untersuchung ergeben, daß die mit Hilfe des Systems gemeinwohlgebundener Realisierbarkeit koalitionsmäßiger Zweckbestimmung vorgenommene Analyse des Art. 9 Abs. 3 S. 3 GG gleichzeitig sämtliche materiellen Rechtmäßigkeitsvoraussetzungen einfängt. Nicht notstandsfest und nach der h. L. nicht rechtmäßig sind:

1. der tarifwidrige[138];

2. der amtswidrige[139];

3. die sonstigen sozialinadäquaten Arbeitskämpfe, wozu etwa der daseinsgefährdende[140], der nicht erforderliche oder nicht verhältnismäßige[141],

---

[136] s. o. § 2 III 4 a.
[137] *Hueck-Nipperdey*, Bd. II/Tl. 2 (1970), S. 917: „Art. 9 Abs. 3 S. 3 GG verbietet es, gegen jeden, auch den im materiellen Sinne rechtswidrigen Arbeitskampf (Notstands-)Maßnahmen zu treffen"; vgl. weiter *Hueck-Nipperdey*, a.a.O., S. 884 mit Anm. 10 a und S. 917 f.
[138] s. o. § 4 II 6 a und vgl. dazu statt vieler *Hueck-Nipperdey*, Bd. II/Tl. 2 (1970), S. 979 m. w. N.
[139] s. o. § 4 II 6 a und vgl. dazu statt vieler *Hueck-Nipperdey*, Bd. II/Tl. 2 (1970), S. 979 ff. m. w. N.
[140] s. o. § 4 II 6 a und vgl. dazu *Kaiser*, Streik, S. 32; *Reuß*, Arbeitskampffreiheit, S. 261 f.; *Tomandl*, S. 153 f.
[141] s. o. § 4 II 6 a und vgl. dazu statt vieler *Hueck-Nipperdey*, Bd. II/Tl. 2 (1970), S. 1005, 1022 ff. m. w. N.

der ruinöse[142], der strafrechtswidrige[143], der politische und arbeitspolitische[144] und der wilde Arbeitskampf[145] zu zählen wären.

Wenn also Art. 9 Abs. 3 S. 3 GG von Arbeitskämpfen spricht, die von Koalitionen zur Wahrung und Förderung von Arbeits- und Wirtschaftsbedingungen geführt werden, so sind damit nur rechtmäßige Arbeitskämpfe gemeint. Die berechtigte Frage, warum sich der Gesetzgeber bei dieser Sachlage nicht zu einer präziseren Formulierung bequemt hat, kann aufgrund der Entstehungsgeschichte nur dahin beantwortet werden, daß sich hinter dieser Gesetzgebungstaktik der rechtspolitische Kompromiß zwischen den Befürwortern und den prinzipiellen Gegnern einer Notstandsregelung verbirgt.

Mit dem Nachweis, daß nur rechtmäßige Arbeitskämpfe Schutzobjekt des Art. 9 Abs. 3 S. 3 GG sind, ist der Nachweis einer Identität der Voraussetzungen für die Notstandsfestigkeit mit denen für die Rechtmäßigkeit noch nicht erbracht. Es stellt sich vielmehr umgekehrt die Frage, ob von der Schutzklausel sämtliche materiell rechtmäßigen Arbeitskämpfe erfaßt werden oder ob die Notstandsfestigkeit nicht an strengere Maßstäbe gebunden ist als die materielle Rechtmäßigkeit. Denn es wäre mit der jeder Notstandsgesetzgebung eigentümlichen Intendierung vereinbar[146], daß bestimmte Arbeitskämpfe nicht vor Notstandsmaßnahmen geschützt sind, selbst dann nicht, wenn diese Arbeitskämpfe materieller Rechtmäßigkeit entsprächen.

Konkret wird dieser Gedanke durch den Wortlaut des Gesetzes insofern genährt, als danach wilde Arbeitskämpfe vor Notstandsmaßnahmen nicht geschützt sind, gleichwohl aber die „wilde" Aussperrung materieller Rechtmäßigkeit genügen soll[147].

Wenn aber die durchaus überwiegende Meinung den wilden Streik für rechtswidrig ansieht[148], so fragt es sich, ob nicht gerade aus Paritätsgründen zumindest Zweifel auch an der materiellen Rechtmäßigkeit der „wilden" Aussperrung bestehen. So ist bereits oben aus Anlaß der Kollektivitätsfragen auf den unterschiedlichen kollektiven Gehalt und die sonstigen tatsächlichen Unterschiede zwischen Streik und Aussperrung hin-

---

[142] s. o. § 4 II 5 a und vgl. dazu *Brox-Rüthers*, S. 148 f.; *Reuß*, Arbeitskampffreiheit, S. 259 f.; *Tomandl*, S. 153.

[143] s. o. § 4 II 6 a und vgl. dazu statt vieler *Hueck-Nipperdey*, Bd. II/Tl. 2 (1970), S. 987 m. w. N.

[144] s. o. § 4 II 4 a und vgl. dazu statt vieler *Hueck-Nipperdey*, Bd. II (1957), S. 643 ff. m. w. N.

[145] s. o. § 4 III 2 und 3 und vgl. dazu statt vieler *Hueck-Nipperdey*, Bd. II/Tl. 2 (1970), S. 1005 f. m. w. N.

[146] s. o. § 3, 2 Ziff. 1.

[147] s. o. § 4 III 3.

[148] Vgl. statt vieler *Hueck-Nipperdey*, Bd. II/Tl. 2 (1970), S. 1005 m. w. N.

§ 4 Schutzobjekt des Art. 9 Abs. 3 S. 3 GG

gewiesen worden[149]. Diese Unterschiede könnten Veranlassung geben zu einer differenzierenden Rechtmäßigkeitsbeurteilung zwischen Streik und Aussperrung[150], die aber wegen der „zugunsten" der Aussperrung bestehenden Unterschiede nur „zu deren Lasten" erfolgen dürfte; jede andere Differenzierung, die an die Rechtmäßigkeit der Aussperrung geringere Anforderungen stellte als an die Rechtmäßigkeit des Streiks, verschlüge in ihr Gegenteil. Daher hieße es, die zwischen Streik und Aussperrung bestehenden Ungleichgewichte vergrößern, wollte man wohl für die Rechtmäßigkeit des Streiks, nicht aber auch für die Rechtmäßigkeit der Aussperrung eine koalitionsmäßige Organisierung verlangen.

Auf der anderen Seite ist natürlich zu bedenken, daß zwar nicht die einzelnen Arbeitnehmer, wohl aber die einzelnen Arbeitgeber tariffähig sind[151]. Da aber das Tarifvertragsrecht nicht notwendig Arbeitskampfrecht in dem Sinne ist, als daß jedem Tarifvertrag ein Arbeitskampf vorausgehen müßte, bliebe der zwischen Arbeitskampf- und Tarifvertragsrecht bestehende Systemzusammenhang auch dann gewahrt, wenn für die Rechtmäßigkeit jedes Arbeitskampfes, des Streiks wie der Aussperrung, eine koalitionsmäßige Organisierung verlangt werden und der rechtmäßige Streik wie die rechtmäßige Aussperrung auf einem Verbandsbeschluß beruhen müßten.

Eine Verschärfung des für Aussperrungen geltenden Rechtmäßigkeitsmaßstabes gegenüber der bisherigen Lehre findet in der Entstehungsgeschichte zu Art. 9 Abs. 3 S. 3 GG insofern einen gewissen Anhaltspunkt, als in der parlamentarischen Beratung einerseits erkannt worden war, daß der Wortlaut des Art. 9 Abs. 3 S. 3 GG die „wilde" Aussperrung nicht erfasse, andererseits aber die gesetzgeberische Intention bestand, ausnahmslos alle materiell rechtmäßigen Arbeitskämpfe vor Notstandsmaßnahmen zu schützen[152]. Wenn der Gesetzgeber also bewußt die „wilde" Aussperrung nicht unter verfassungsrechtlichen Schutz stellt, so hat er damit zugleich ihre materielle Rechtswidrigkeit angedeutet.

Danach ergäbe sich eine wechselseitige Identität zwischen den Voraussetzungen der Notstandsfestigkeit mit denen der materiellen Rechtmäßigkeit.

---

[149] s. o. § 4 I 2 a und 3 b.
[150] Vgl. den Differenzierungsversuch bei *Rüthers* DB 1968, 1949 und dazu *Glückert* DB 1968, 2279 in FN 10.
[151] Vgl. § 2 Abs. 1 TVG.
[152] Dies wird in gewisser Weise durch die Ansicht belegt, derzufolge die Schutzklausel von einer Ungleichbehandlung der Tarifpartner absehen und daher von „Arbeitskämpfen" und nicht von „Streiks" sprechen müsse; s. o. § 2 III 3 c. Der Gesetzgeber hat offenbar die Bindung der Arbeitskämpfe an die Voraussetzung koalitionsmäßiger Organisierung nicht als Abweichung von der bisherigen Rechtslage verstanden.

Wenn die Auslegung des Art. 9 Abs. 3 S. 3 GG anhand des Systems einer gemeinwohlgebundenen Realisierbarkeit koalitionsmäßiger Zweckbestimmung gelegentlich den Anschein erweckt, wonach die Voraussetzungen der Notstandsfestigkeit auf der einen und die Rechtmäßigkeitsvoraussetzungen auf der anderen Seite differieren könnten[153], so handelt es sich in Wahrheit bereits um eine Kontroverse bei der Beurteilung der Rechtmäßigkeitsvoraussetzungen selbst, nicht erst um eine Verschiedenheit zwischen diesen und den Voraussetzungen der Notstandsfestigkeit.

Da sich die Frage der Rechtmäßigkeit später noch unter dem Aspekt verfassungsgarantierter Arbeitskampffreiheit in der Normallage stellt[154], kann hier noch nicht abschließend Stellung genommen werden. Bereits die bisherige Prüfung läßt jedoch eine Identität zwischen den Voraussetzungen der Notstandsfestigkeit mit denen materieller Rechtmäßigkeit vermuten, so daß das für die Beurteilung der Notstandsfestigkeit gewonnene System gleichfalls für die Beurteilung der Rechtmäßigkeit verwendet werden könnte. Das prinzipielle Verhältnis zwischen Arbeitskampf und Rechtmäßigkeit würde sich demzufolge in ein System gemeinwohlgebundener Realisierbarkeit koalitionsmäßiger Zweckbestimmung einfügen. Mit Sicherheit aber ist dieses System zur Prüfung der Rechtmäßigkeit von Arbeitskämpfen insoweit geeignet, als notstandsfeste Arbeitskämpfe zugleich auch materiell rechtmäßig sind.

V. Zusammenfassung

1. Art. 9 Abs. 3 S. 3 GG bringt keine Legaldefinition des Arbeitskampfbegriffes. Die Gesamtkonzeption der Bestimmung erlaubt jedoch nur eine weitgefaßte Begriffsbildung, die allein durch die Kampfparteien und die Kampfmittel bestimmt wird.

Kampfparteien sind die „kampffähigen" Parteien des Arbeitslebens in ihrer Funktion als soziale Gegenspieler; Kampfmittel die „kampfgeeigneten" Maßnahmen zur Störung des Arbeitsfriedens.

Ein spezielles Kampfziel und eine spezielle Kampforganisierung sind für die Tatbestandsmäßigkeit irrelevant. Dieser weite Arbeitskampfbegriff, der ein in sich offenes Feld im Sinne freier Typenbildung bezeichnet, intendiert die Gleichwertigkeit sämtlicher Arbeitskampfarten, soweit sie ein Wechselspiel sozialer Kräfte erlauben.

2. Schutzobjekt des Art. 9 Abs. 3 S. 3 GG sind nur die von Koalitionen zur Wahrung und Förderung von Arbeits- und Wirtschaftsbedingungen

---

[153] Dies gilt insbesondere für die Beurteilung des Sympathiearbeitskampfes — s. o. § 4 II 4 a — und der einzelnen Formen ruinöser Arbeitskämpfe — s. o. § 4 II 5 a und 5 b.

[154] s. u. § 7 III 3.

geführten Arbeitskämpfe. Diese Voraussetzungen sind gegeben, wenn der Arbeitskampf auf Arbeitnehmerseite von einer Gewerkschaft und auf Arbeitgeberseite von einem Arbeitgeberverband um eine von ihnen im Rahmen des Gemeinwohls realisierbaren Zweckbestimmung willen geführt wird.

Nicht notstandsfest sind danach insbesondere der arbeitspolitische und der wilde Arbeitskampf.

3. Die anhand des Systems einer gemeinwohlgebundenen Realisierbarkeit koalitionsmäßiger Zweckbestimmung vorgenommene Auslegung des Art. 9 Abs. 3 S. 3 GG läßt darauf schließen, daß alle materiell rechtmäßigen Arbeitskämpfe, aber auch nur diese, Schutzobjekt sind.

Dieses System zur Prüfung der Notstandsfestigkeit ist zur Prüfung der Rechtmäßigkeit von Arbeitskämpfen zumindest insoweit geeignet, als notstandsfeste Arbeitskämpfe zugleich auch materiell rechtmäßig sind.

§ 5 Schutzfunktion des Art. 9 Abs. 3 S. 3 GG

I. Schutz vor zielgerichtetem Gebrauch bestimmter Notstandssondervollmachten

1. Notstandsfälle und Notstandssondervollmachten

Art. 9 Abs. 3 S. 3 GG bezieht sich unmittelbar auf den Notstandsfall. Das 17. Gesetz zur Ergänzung des Grundgesetzes enthält jedoch keine Begriffsbestimmung des Notstandes. Wohl aber spricht es vom „Verteidigungsfall"[1], vom „Spannungsfall"[2], von „Naturkatastrophen und besonders schweren Unglücksfällen"[3] und von der Notwendigkeit eines Schutzes „für den Bestand oder die freiheitliche demokratische Grundordnung des Bundes oder eines Landes"[4]. Man kann diese Fälle als Notstandsfälle zusammenfassen[5].

Art. 9 Abs. 3 S. 3 GG lautet dahin, daß in diesen Notstandsfällen bestimmte, im Bericht des Rechtsausschusses des Bundestages[6] als „Notstandssondervollmachten" gekennzeichnete Maßnahmen sich nicht gegen das Schutzobjekt des Art. 9 Abs. 3 S. 3 GG richten dürfen. Die Bezeichnung Notstandssondervollmachten ist nicht ganz zutreffend, weil damit auch Maßnahmen nach Art. 12 a Abs. 1 und 2 GG angesprochen werden,

---
[1] Vgl. z. B. Art. 12 a Abs. 3 bis 6 GG.
[2] Vgl. Art. 80 a Abs. 1 GG.
[3] Vgl. Art. 35 Abs. 2 und 3 GG.
[4] Vgl. Art. 87 a Abs. 4 und 91 Abs. 1 GG.
[5] s. o. § 3, 1 in FN 4 a. E.
[6] BTDruck. V/2873, S. 3.

die im eigentlichen Sinne keine Notstandsmaßnahmen darstellen, da sie auch in der Normallage durchgeführt werden dürfen[7]. Weil ihre Durchführung jedoch der Vorsorge zur Bewältigung eines potentiellen Notfalles dient, soll an dieser Bezeichnung festgehalten werden.

Als Notstandssondervollmachten nennt Art. 9 Abs. 3 S. 3 GG die Art. 12 a, Art. 35 Abs. 2 und 3, Art. 87 a Abs. 4 und Art. 91 GG.

2. Die einzelnen Notstandssondervollmachten

a) Zwangsverpflichtungen

Art. 12 a GG sieht eine Reihe von Zwangsverpflichtungen vor, die unter bestimmten Voraussetzungen zulässig sind und thematisch danach unterteilt werden, ob der Normalfall oder ein Notstandsfall gegeben ist.

Im Normalfall wie im Notstandsfall können Männer vom vollendeten 18. Lebensjahr zum Wehrdienst, zum Dienst im Bundesgrenzschutz oder einem Zivilschutzverband, Art. 12 a Abs. 1 GG, Kriegsdienstverweigerer zum Ersatzdienst herangezogen werden, Art. 12 a Abs. 2 GG.

Nur im Notstand, hier dem Verteidigungsfall, können Wehrpflichtige, die nicht bereits Dienste nach Art. 12 a Abs. 1 und 2 GG leisten, zur zivilen Dienstleistung in privatrechtliche und ausnahmsweise auch in öffentlich-rechtliche Arbeitsverhältnisse verpflichtet werden, um Dienste beim zivilen Hilfspersonal der Streitkräfte, bei der öffentlichen Verwaltung oder der Versorgung der Zivilbevölkerung zu erbringen, Art. 12 a Abs. 3, 4 und 6 GG. Darüber hinaus können die für bestimmte Aufgaben vorgesehenen Personen bereits im Spannungsfall zur Teilnahme an entsprechenden Ausbildungsveranstaltungen angehalten werden, Art. 12 a Abs. 5 i. V. m. Art. 80 a GG.

Im Verteidigungsfall, unter besonderen Voraussetzungen auch im Spannungsfall, ist nicht nur die zwangsweise Begründung neuer Arbeits- und Dienstverhältnisse, sondern auch die zwangsweise Aufrechterhaltung alter Arbeits- und Dienstverhältnisse zugelassen, Art. 12 a Abs. 6 GG. Dies gilt jedoch nur für Arbeits- und Dienstverhältnisse im Bereiche des zivilen Hilfspersonals der Streitkräfte, der Versorgung dieser Streitkräfte, der öffentlichen Verwaltung und der Versorgung der Zivilbevölkerung.

Die Gesamtregelung des Art. 12 a GG könnte durch ihre detaillierte Bestimmung der Voraussetzungen und die Häufung von Einschränkungen den Eindruck erwecken, als seien Zwangsverpflichtungen selten und auf

---

[7] Art. 12 a Abs. 1 GG: Heranziehung zum Wehrdienst, zum Dienst im Bundesgrenzschutz oder eines Zivilschutzverbandes; Art. 12 a Abs. 2 GG: Heranziehung von Kriegsdienstverweigerern zum zivilen Ersatzdienst.

einen eng abgesteckten Tätigkeitsbereich beschränkt. In Wahrheit erlaubt jedoch die Verwendung zahlreicher unbestimmter Rechtsbegriffe ein Ausgreifen der Zwangsverpflichtungen in weite Personenkreise[8], so daß die grundrechtseinschränkende Qualität des Art. 12 a GG nicht unterschätzt werden darf.

b) Katastrophenschutz

Art. 35 Abs. 2 und 3 GG regelt die Amtshilfe[9] in solchen Notstandsfällen, in denen sie zur Bekämpfung von Naturkatastrophen und besonders schweren Unglücksfällen erforderlich wird.

Danach kann ein Bundesland Polizeikräfte anderer Länder, Kräfte und Einrichtungen anderer Verwaltungen sowie des Bundesgrenzschutzes und der Streitkräfte anfordern und die Bundesregierung bei überregionalen Notstandsfällen den Landesregierungen Weisungen über die Zurverfügungstellung von Polizeikräften erteilen und Einheiten des Bundesgrenzschutzes und der Streitkräfte zur Unterstützung der Polizei einsetzen.

c) Amtshilfe gegen innere Unruhen

Die Art. 87 a Abs. 4 GG und Art. 91 GG sehen Amtshilfe für die Notstandsfälle vor, die sich aus einer drohenden Gefahr für den Bestand oder die freiheitliche demokratische Grundordnung des Bundes oder eines Landes ergeben.

Art. 87 a Abs. 4 GG gibt der Bundesregierung unter bestimmten Voraussetzungen das Recht, Streitkräfte zur Unterstützung der Polizei und des Bundesgrenzschutzes beim Schutz ziviler Objekte und bei der Bekämpfung organisierter und militanter bewaffneter Aufständischer einzusetzen. Ähnlich wie Art. 35 Abs. 2 GG regelt Art. 91 Abs. 1 GG die Anforderung von Polizeikräften anderer Bundesländer sowie von Kräften und Einrichtungen anderer Verwaltungen und des Bundesgrenzschutzes. Ferner bestimmt Art. 91 Abs. 2 GG, ähnlich wie Art. 35 Abs. 3 GG, daß die Bundesregierung das Recht hat, die Polizei des betreffenden Bundeslandes und die Polizei anderer Bundesländer ihren Weisungen zu unterstellen und Einheiten des Bundesgrenzschutzes einzusetzen.

3. Limitative Enumeration der Notstandsmaßnahmen

Art. 9 Abs. 3 S. 3 GG schützt Arbeitskämpfe nur vor denjenigen Maßnahmen, die aufgrund der genannten Bestimmungen ergriffen werden können. Wegen der genauen Bezeichnung bestimmter Notstandssonder-

---

[8] Vgl. *Maunz-Dürig*, Art. 12 a RN 22.
[9] Zur Terminologie vgl. *Maunz-Dürig*, Art. 35 RN 3.

vollmachten stellt die Aufzählung eine limitative Enumeration dar[10], die eine analoge Ausdehnung auf andere Maßnahmen verbietet. Der Schutzumfang ist daher nicht uferlos, sondern erfährt eine beachtliche Einschränkung insbesondere durch die unerwähnt gebliebene Regelungskompetenz des einfachen Gesetzgebers. Dies ist besonders hervorzuheben im Hinblick darauf, daß im Verteidigungsfall der Gemeinsame Ausschuß[11] unter bestimmten Voraussetzungen die Stellung von Bundestag und Bundesrat erhält und deren Rechte einheitlich wahrnimmt, Art. 115 a Abs. 1 GG. Zwar dürfen Gesetze des Gemeinsamen Ausschusses das GG weder ändern noch ganz oder teilweise außer Kraft oder außer Anwendung setzen, Art. 115 c Abs. 2 S. 1 GG. Die unterbliebene Erwähnung des Gemeinsamen Ausschusses erlaubt aber die Folgerung per argumentum e contrario, daß der Gemeinsame Ausschuß unter den Voraussetzungen seiner Regelungskompetenz im Verteidigungsfall gesetzliche Beschränkungen anordnen kann[12].

Dieses Auslegungsergebnis ist nicht auf ein Versehen des Notstandsgesetzgebers zurückzuführen, sondern entspricht durchaus seinen gesetzgeberischen Intentionen. Denn in der parlamentarischen Beratung hatte die Bundesregierung erklärt, daß die Notstandssondervollmachten die in der Normallage für Arbeitskämpfe geltende Rechtslage unberührt lassen sollten[13]. Die in der Normallage für Arbeitskämpfe geltende Rechtslage beurteilte die Bundesregierung nun dahin, daß die Koalitionsfreiheit des Art. 9 Abs. 3 GG die Arbeitskampffreiheit als Institut mitgewährleiste. Die Vorstellung von einer institutionellen Garantie der Arbeitskampffreiheit schließt aber eine Regelungskompetenz des einfachen Gesetzgebers definitionsgemäß ein[14]. Die Schutzklausel des Art. 9 Abs. 3 S. 3 GG wollte also nicht zu dem Irrtum verleiten, Arbeitskämpfe seien im Notstandsfall vor allen, auch den einfachgesetzlichen Beschränkungen geschützt. Vielmehr sollten dem einfachen Gesetzgeber, das heißt unter bestimmten Voraussetzungen dem Gemeinsamen Ausschuß, diejenigen Befugnisse erhalten bleiben, die auch im Normalfall bestehen. Umfang und Grenzen dieser Einschränkungsbefugnisse des einfachen Gesetzgebers stellen dabei einen gesonderten Problemkreis dar[15].

4. Die Zielgerichtetheit bestimmter Notstandsmaßnahmen

Den auf eine limitierte Anzahl von Notstandssondervollmachten begrenzten Schutzumfang engt das Gesetz weiter auf diejenigen Notstandssondervollmachten ein, die sich gegen Arbeitskämpfe „richten".

---

[10] Ebenso *A. Hueck* RdA 1968, 431 (Sp. 1 o.).
[11] Vgl. Art. 53 a GG.
[12] Vgl. *Maunz-Dürig*, Art. 9 RN 136 a. E.; *Rüthers* DB 1968, 1950 (Sp. 2 M).
[13] s. o. § 2 III 2 c.
[14] *Rüthers* DB 1968, 1950 (Sp. 2 a. E.).
[15] s. u. § 8.

§ 5 Schutzfunktion des Art. 9 Abs. 3 S. 3 GG

Zur Bestimmung der Schutzfunktion bedient sich das Gesetz einer Terminologie, die an die hergebrachte Unterscheidung zwischen unmittelbaren und mittelbaren Beschränkungen bzw. an die Definition „allgemeiner Gesetze" anknüpft. Während die moderne Dogmatik Neigung zeigte, die Unterscheidung zwischen zielgerichteten („unmittelbaren") und reflexiven („mittelbaren") Beschränkungen schrittweise aufzugeben[16], wird sie durch Art. 9 Abs. 3 S. 3 GG neuerlich belebt[17].

Ein Blick auf die dazu insbesondere in der Rechtsprechung entwickelten Kriterien ergibt folgendes Bild:

Nach der Meinung des BVerfG ist die Zielgerichtetheit dann gegeben, wenn sich der Hoheitsakt „gegen das Schutzobjekt als solches" richtet und nicht dem Schutze eines schlechthin und ohne Rücksicht auf dieses Schutzobjekt zu schützenden „vorrangigen" Schutzgutes dient[18]. Der BGH bejaht demgegenüber die Zielgerichtetheit bereits dann, wenn der Hoheitsakt das Schutzobjekt auch nur „gelegentlich" in allen seinen Ausstrahlungen ergreift[19]. Mit diesem mehr materiellen Verständnis wird die Unterscheidungsgrundlage jedoch erheblich verunsichert. Mag sie auch ihre eigene Bedeutung im Rahmen des Enteignungsrechts besitzen, so verschließt sie sich doch einer generellen Anwendung.

Auf der vom BVerfG bereiteten und der h. L. anerkannten Basis[20], die in einer Verbindung formal- und materiellrechtlicher Elemente besteht, ist die Zielgerichtetheit von Notstandssondervollmachten dann zu bejahen, wenn sie gerade und ausschließlich wegen eines Arbeitskampfes ergriffen werden, ohne daß sie dem Schutze eines schlechthin und ohne Rücksicht auf einen bestimmten Arbeitskampf zu schützenden Rechtsgutes dienen, dem Schutze eines Gemeinschaftswertes, der gegenüber dem Arbeitskampf den Vorrang hat. Demzufolge sind Arbeitskämpfe vor den Auswirkungen notrechtlicher Maßnahmen dann nicht geschützt, wenn diese bereits ohne die vorliegenden Arbeitskämpfe ergriffen worden wären. So können z. B. Wehrpflichtige nicht deshalb den Antritt zum Wehrdienst verweigern, weil sie zu diesem Zeitpunkt an einem Streik beteiligt sind[21]. Darüber hinaus muß die notrechtliche Maßnahme dem Schutze eines vorrangigen Gemeinschaftswertes dienen. Die insoweit und nur sekundär veranlaßte Güterabwägung zwischen Arbeitskämpfen auf

---

[16] Vgl. *Lerche*, Arbeitskampf, S. 47 ff. m. w. N. in FN 163.
[17] Vgl. ausführlich zum Verständnis des „allgemeinen" Gesetzes *Scholz*, S. 335 ff. mit umfangreichen weiteren Nachweisen.
[18] Vgl. BVerfG zu Art. 5 GG: E 7, 209 ff.; 12, 124 f.
[19] Vgl. BGH zu Art. 14 GG: BGH NJW 1962, 1439; 1964, 104; 1967, 1752 (1754).
[20] Vgl. insb. *Bettermann* JZ 1964, 603 f.; *Kemper*, S. 65 ff.; *Lerche*, Übermaß, S. 106, 113 f., 149, 258 ff.; *Lerche*, Arbeitskampf, S. 36 f.; *v. Mangoldt-Klein*, Art. 5 Anm. IX 3 a; *Scholz*, S. 339 ff.
[21] Vgl. *A. Hueck*, RdA 1968, 431 (Sp. 1).

der einen und den Schutzgütern der Notstandssondervollmachten auf der anderen Seite wird insbesondere auch unter Berücksichtigung der Eilbedürftigkeit der Notstandsmaßnahme regelmäßig zu deren Gunsten ausfallen müssen.

Die Funktion des Art. 9 Abs. 3 S. 3 GG beschränkt sich infolgedessen auf den Schutz rechtmäßiger Arbeitskämpfe vor mißbräuchlicher Anwendung der Notstandssondervollmachten[22]. Dieses Mißbrauchsverbot aber folgt bereits aus allgemeinen Verfassungsgrundsätzen, so daß es insofern keiner positiv-rechtlichen Verankerung bedurft hätte. Art. 9 Abs. 3 S. 3 GG kann in diesem Zusammenhang allenfalls als Konkretisierung des allgemeinen Mißbrauchsgedankens gesehen werden.

II. Auswirkungen von Notstandsmaßnahmen auf Streiks und Aussperrungen

1. Fragen nach der unmittelbaren Bedeutung des Art. 9 Abs. 3 S. 3 GG

Bislang kommt der Schutzbestimmung des Art. 9 Abs. 3 S. 3 GG nur geringe Bedeutung insofern zu, als sie zwar rechtmäßige Arbeitskämpfe für schutzwürdig erklärt, aber den Schutzumfang auf die zielgerichtete Anwendung der abschließend aufgezählten Notstandssondervollmachten beschränkt. Wer dem eigenständigen unmittelbaren Sinngehalt der Schutzbestimmung nachspüren will, muß fragen, ob diese Notstandssondervollmachten überhaupt eine Beeinträchtigung rechtmäßiger Arbeitskräfte intendieren. Der unmittelbare Sinn des Gesetzes würde leerlaufen, wenn sich Notstandssondervollmachten gar nicht gegenüber rechtmäßigen Arbeitskämpfen auswirken könnten[23]. Das gleiche müßte ferner dann gelten, wenn rechtmäßige Arbeitskämpfe die Voraussetzungen für die Anwendung der Notstandssondervollmachten nicht erbrächten[24] oder wenn Arbeitskämpfe im Notstand ohnehin materiell rechtswidrig wären[25].

2. Betroffenheit von Aussperrungen

In der parlamentarischen Beratung schien es nicht gelungen zu sein, anhand überzeugender Beispielsfälle zu demonstrieren, wie sich die Notstandssondervollmachten gegenüber Aussperrungen auswirken könnten[26].

---

[22] Vgl. *Maunz-Dürig*, Art. 9 RN 136 M.
[23] Siehe dazu sogleich unten § 5 II 2 und 3.
[24] s. u. § 5 III.
[25] s. u. § 5 IV.
[26] s. o. § 2 III 3 a mit FN 62 ebenda.

§ 5 Schutzfunktion des Art. 9 Abs. 3 S. 3 GG

Aufgrund der im Notstand wie im Normalfall zulässigen Maßnahmen nach Art. 12 a Abs. 1 und 2 GG werden zwar Aussperrungen insofern berührt, als den Arbeitgebern durch Einberufung der Arbeitnehmer zum Wehr- oder Ersatzdienst die Möglichkeit genommen wird, auf diese Arbeitnehmer im Wege der Aussperrung Druck auszuüben.

Dies gilt ebenso für Art. 12 a Abs. 3 GG, soweit er Dienstverpflichtungen zum zivilen Hilfspersonal der Streitkräfte, zur Versorgung dieser Streitkräfte oder zur öffentlichen Verwaltung vorsieht, wobei privat- oder öffentlich-rechtliche Arbeitsverhältnisse zwischen Arbeitnehmer und Staat begründet werden.

Mit der Entziehung dieserart dienstverpflichteter Arbeitnehmer vor einer Druckausübung seitens der Arbeitgeber entfällt jedoch grundsätzlich zur gleichen Zeit der Kampfzweck der Aussperrung: soweit die Abwehraussperrung, deren Kampfzweck in der Abwehr eines Streiks besteht, gegenüber solcherart dienstverpflichteter Arbeitnehmer vorgenommen wurde, erledigt sich der Aussperrungszweck, weil die Fortsetzung eines Streiks durch diese Arbeitnehmer bereits durch die Dienstverpflichtungen unmöglich gemacht wird. Soweit es sich um eine Angriffsaussperrung handelt, büßt der Kampfzweck insofern an Aktualität ein, als nunmehr die zwischen Arbeitnehmern und Arbeitgebern bestehenden Arbeitsverhältnisse während der Dauer der zwangsweisen Arbeitsverhältnisse zwischen Arbeitnehmer und Staat gemäß § 15 ASG ruhen.

Art. 12 a Abs. 3 GG erlaubt ferner Zwangsverpflichtungen zur Versorgung der Zivilbevölkerung, wenn es sich darum handelt, den lebenswichtigen Bedarf zu decken oder ihren Schutz sicherzustellen. Diese Zwangsverpflichtungen, die nur in privatrechtlicher Form begründet werden dürfen[27], können auch zu Arbeitsverhältnissen in der privaten Wirtschaft führen und damit Rechtsverhältnisse zwischen Arbeitnehmern und privaten Arbeitgebern schaffen[28], die in ihrer Begründung denen nach dem Schwerbeschädigtengesetz ähneln[29]. Unrealistisch ist aber die Vorstellung, ausgesperrte Arbeitnehmer dienstzuverpflichten und sie alsdann der Direktionsbefugnis des aussperrenden Arbeitgebers zu unterstellen. Vielmehr bestimmt § 15 ASG, daß in solchen Fällen das bisherige Arbeitsverhältnis des Arbeitnehmers während der Dienstverpflichtung ruht. Der Gesetzgeber geht also davon aus, daß die dienstverpflichteten Arbeitnehmer nicht ausgerechnet dem aussperrenden Arbeitgeber unterstellt werden. Eine Betroffenheit der Aussperrung läßt sich auch in diesem besonderen Falle der Dienstverpflichtung kaum begründen.

---

[27] Vgl. *Maunz-Dürig*, Art. 12 a RN 21.
[28] a. A. *v. Barby* AuR 1968, 268 (Sp. 2 o.).
[29] *Maunz-Dürig*, Art. 12 a RN 19.

Eher kann Art. 12 a Abs. 6 GG erheblich werden. Wenn danach die Freiheit der Deutschen, die Ausübung eines Berufes oder den Arbeitsplatz aufzugeben, eingeschränkt werden kann, so ist dem Sinn und Zweck dieser Vorschrift zu entnehmen, daß dann auch die Arbeitgeber nicht verhindern dürfen, daß die Arbeitnehmer ihren Arbeitsplatz aufsuchen[30].

Wäre insofern eine Betroffenheit von Aussperrungen denkbar gewesen, so ist jedoch nicht recht erklärlich, wie sich der Einsatz von Polizei- und Streitkräften bei Naturkatastrophen und besonders schweren Unglücksfällen oder bei einer Gefahr für den Bestand oder die freiheitliche demokratische Grundordnung des Bundes oder eines Landes auf Aussperrungen auswirken können sollte[31]. Grundsätzlich wird daher eine Betroffenheit von Aussperrungen durch Notstandssondervollmachten verneint werden dürfen.

3. Betroffenheit von Streiks

Offensichtlich ist demgegenüber, daß sich die Anwendung von Notstandssondervollmachten auf Streiks auswirken kann.

Die Streikbeteiligung der nach Art. 12 a Abs. 1 und 2 GG zum Wehr- oder Ersatzdienst einberufenen oder nach Art. 12 a Abs. 3 GG in ein fremdes Unternehmen dienstverpflichteten oder der nach Art. 12 a Abs. 6 GG mit einem Arbeitsniederlegungsverbot belegten Arbeitnehmer wird unmöglich gemacht und damit die Kampfmaßnahme Streik insgesamt erschwert oder verhindert.

Ergänzend sei jedoch hervorgehoben, daß die nach Art. 12 a Abs. 3 GG in ein fremdes Unternehmen dienstverpflichteten Arbeitnehmer in diesem fremden Unternehmen die gleichen Rechte und Pflichten haben, wie sie in diesem fremden Betrieb für Arbeitsleistungen vergleichbarer Art üblich sind[32]. Demzufolge haben die Dienstverpflichteten in diesem fremden Betrieb in gleicher Weise die Möglichkeit zur Streikbeteiligung wie jene Arbeitnehmer, die sich bereits ohne behördliche Verpflichtung in diesem Betrieb befinden.

Maßnahmen nach Art. 12 a Abs. 3 GG betreffen daher nicht die Streikmöglichkeit in den Unternehmen, in die die Arbeitnehmer dienstverpflichtet wurden[33], sondern nur in jenen, aus denen die Arbeitnehmer abgezogen wurden.

Eine Betroffenheit von Streiks ist außer nach Art. 12 a Abs. 1, 2, 3 und 6 GG auch in den Fällen der Art. 35 Abs. 2 und 3, 87 a Abs. 4 und

---

[30] *v. Barby* AuR 1968, 268 (Sp. 2 o.); *Evers*, Arbeitskampffreiheit, S. 104.
[31] Vgl. *v. Barby* AuR 1968, 268 (Sp. 2).
[32] Vgl. § 14 ASG.
[33] Vgl. *Franz Bauer* DB 1968, 1535 (Sp. 1 a. E.).

Art. 91 GG unschwer vorstellbar. Es ist daran zu denken, daß die aus Anlaß einer Naturkatastrophe oder eines besonders schweren Unglücksfalles oder der Gefahr für den Bestand oder die freiheitliche demokratische Grundordnung des Bundes oder eines Landes eingesetzten Polizei- und Streitkräfte als „Hilfsarbeitsdienst" eingesetzt werden könnten und damit gerade diejenigen Arbeitsleistungen erbringen würden, die die streikenden Arbeitnehmer verweigern. Damit würde dem Streik die Spitze genommen und jede effiziente Wirkung vereitelt werden. Anschaulich hierfür ist der britische Hafenarbeiterstreik im Jahre 1970, der unter Maßnahmen der britischen Regierung litt, weil das Militär zur Entladung der im Hafen festliegenden Schiffe eingesetzt worden war.

Abschließend läßt sich somit feststellen, daß der Schutz des Art. 9 Abs. 3 S. 3 GG grundsätzlich nur für Streiks relevant ist, weil die Notstandssondervollmachten grundsätzlich nur eine Betroffenheit von Streiks, nicht aber auch der Aussperrungen bewirken können.

III. Notstand durch Arbeitskampf

1. Notstandsverursachende rechtmäßige Arbeitskämpfe?

a) Arbeitskampf und Art. 12 a Abs. 3 bis Abs. 6 GG

Für die unmittelbare Sinnhaftigkeit der Schutzbestimmung ist weiter von Bedeutung, ob rechtmäßige Arbeitskämpfe die zur Anwendung der Notstandssondervollmachten erforderlichen Voraussetzungen erbringen können.

Maßnahmen nach Art. 12 a Abs. 3 bis 6 GG setzen den Verteidigungsfall bzw. den Spannungsfall voraus.

Der Verteidigungsfall scheidet für diese Erörterung von vornherein aus; er verlangt nach Art. 115 a GG, daß das Bundesgebiet mit Waffengewalt angegriffen wird oder ein solcher Angriff unmittelbar droht. Ein Arbeitskampf als solcher kann also nicht Ursache eines Verteidigungsfalles sein.

Das gleiche wird für den Spannungsfall zu gelten haben[34]. Wohl herrschte bei der parlamentarischen Beratung einige Unklarheit über die materiellen Voraussetzungen des Spannungsfalles[35]. Begreift man ihn aber als eine Vorstufe des Verteidigungsfalles[36], so können Situationen, die von vornherein nicht zum Verteidigungsfall, sondern allenfalls zu einem anderen der im Grundgesetz geregelten Notstandsfälle führen können, keine materielle Grundlage für „Maßnahmen im

---
[34] a. A. *A. Hueck* RdA 1968, 430 (Sp. 1 a. E.).
[35] Vgl. dazu eingehend *Lohse*, S. 175.
[36] *Maunz-Dürig*, Art. 80 a RN 33 und 35.

Spannungsfall" bieten. Für den Spannungsfall wird demgemäß zu verlangen sein, daß eine im Vergleich zum Verteidigungsfall geringere konkrete, aber wesensgleiche Gefährdung vorliegen muß[37]. Dies wäre etwa der Fall, wenn eine internationale Spannung so weit gediehen ist, daß ein bewaffneter Angriff auf das Bundesgebiet mit einem gewissen Grade an Wahrscheinlichkeit zu erwarten ist.

Ein gewöhnlicher Arbeitskampf aber kann nicht Ursache einer derartigen Spannungslage sein. Infolgedessen erbringen Arbeitskämpfe nicht die Voraussetzungen, die für Maßnahmen nach Art. 12 a Abs. 3 bis 6 GG vorliegen müssen.

b) Arbeitskampf und Art. 35 Abs. 2 und Abs. 3 GG

Maßnahmen nach Art. 35 Abs. 2 und 3 GG setzen das Vorliegen einer Naturkatastrophe oder eines besonders schweren Unglücksfalles voraus. Diese Katastrophenfälle bilden zusammen mit dem Fall innerer Unruhe den Gesamtkomplex „innerer Notstand".

Das geeignetste Unterscheidungskriterium scheint darin zu bestehen, daß innere Unruhen von Menschen ausgehen, während die Katastrophen eine unmittelbare sachbezogene Ursache haben. Daraus folgt wiederum, daß Arbeitskämpfe nicht die Voraussetzungen für Maßnahmen nach Art. 35 Abs. 2 und 3 GG darstellen können.

c) Arbeitskampf und Art. 87 a Abs. 4 und Art. 91 GG

Für Maßnahmen nach Art. 87 a Abs. 4 und Art. 91 GG ist eine drohende Gefahr für den Bestand oder die freiheitliche demokratische Grundordnung des Bundes oder eines Landes erforderlich.

Eine Gefahr für den Bestand des Bundes oder eines Landes ist gegeben, wenn die territoriale Integrität und die Handlungsfreiheit des Staates nach außen gefährdet sind[38]. Unter dem Begriff der freiheitlichen demokratischen Grundordnung wird wie in Art. 21 GG vornehmlich die Handlungsfreiheit des Staates im innerpolitischen Bereich zu verstehen sein. Das BVerfG[39] meint damit eine Ordnung, die unter Ausschluß jeglicher Gewalt- und Willkürherrschaft eine rechtsstaatliche Herrschaftsordnung auf der Grundlage der Selbstbestimmung des Volkes nach dem Willen der jeweiligen Mehrheit und der Freiheit und Gleichheit darstellt. Zu den grundlegenden Prinzipien dieser Ordnung sind mindestens

---

[37] Vgl. *Maunz-Dürig*, Art. 80 a RN 35.
[38] Vgl. *Maunz-Dürig*, Art. 91 RN 9 mit Art. 21 RN 118.
[39] BVerfGE 2, 1 (12 f.).

zu rechnen: „Die Achtung vor den im Grundgesetz konkretisierten Menschenrechten, vor allem vor dem Recht der Persönlichkeit auf Leben und freie Entfaltung, die Volkssouveränität, die Gewaltenteilung, die Verantwortlichkeit der Regierung, die Gesetzesmäßigkeit der Verwaltung, die Unabhängigkeit der Gerichte, das Mehrparteiensystem und die Chancengleichheit für alle politischen Parteien mit dem Recht auf verfassungsmäßige Bildung und Ausübung einer Opposition."

Fraglich ist nun, ob rechtmäßige Arbeitskämpfe die so verstandene territoriale Integrität und staatliche Handlungsfreiheit nach innen und außen gefährden können. Auch diese Frage wird im Prinzip zu verneinen sein. Zwar stellen die Art. 87 a Abs. 4 und 91 GG lediglich auf eine objektive Gefahrenlage ab, ohne daß subjektiv eine Gefährdungsabsicht vorliegen müßte[40]. Aber auch die objektiven Auswirkungen materiell rechtmäßiger Arbeitskämpfe werden kaum eine derartige Gefahrenlage begründen können.

2. Ein praktischer Grenzfall

Scheiden rechtmäßige Arbeitskämpfe als Voraussetzungen für das Eingreifen der Art. 12 a Abs. 3 bis 6 und 35 Abs. 2 und 3 GG mit Sicherheit aus, so bleiben im Hinblick auf Art. 87 a Abs. 4 und 91 GG doch gewisse Zweifel. Als Beispiel eines notstandsverursachenden rechtmäßigen Arbeitskampfes bildet Rüthers folgenden Fall[41]: In der Metallindustrie eines Bundeslandes kommt es zu rechtmäßigen Schwerpunktstreiks in bestimmten Schlüsselbetrieben. Der bestreikte Arbeitgeberverband sperrt daraufhin alle 400 000 Arbeitnehmer der Metallindustrie rechtmäßig aus. Gleichzeitig beginnt ein rechtmäßiger Lohnstreik der ÖTV in allen Verkehrsbereichen. Nach der dritten Arbeitskampfwoche liegt die gesamte westdeutsche Automobil- und Maschinenbauindustrie einschließlich aller Zulieferbranchen still. Nach der vierten Arbeitskampfwoche kommt das Wirtschaftsleben in der Bundesrepublik zum Erliegen. Der Verkehrsstreik lähmt die Lebensmittelversorgung der Bevölkerung in den Großstädten. Zu diesem Zeitpunkt setzt eine gezielte subversive Aktivität verfassungsfeindlicher Gruppen zur Beseitigung der Ordnung des Grundgesetzes und zur Errichtung einer Räterepublik ein. Es breitet sich eine allgemeine Stimmung der Existenzunsicherheit und der Auflösung jeglicher staatlichen Ordnung und Daseinsvorsorge aus. Die Bundesregierung fordert die kämpfenden Verbände vergeblich zur Beendigung der Arbeitskämpfe auf.

---

[40] Vgl. *Maunz-Dürig*, Art. 91 RN 9 (Ziff. 4 c).
[41] *Rüthers* DB 1968, 1951 (Sp. 1; Beisp. 3).

3. Notstand und Rechtmäßigkeit des Arbeitskampfes

Rüthers beurteilt die ursprünglich rechtmäßigen Arbeitskämpfe dahin, als hätten sie einen Umschlag von der Quantität in die Qualität bewirkt[42] und seien als politische Arbeitskämpfe rechtswidrig. Die verfassungsrechtliche Würdigung sogenannter „Sozialschlachten" mit Hilfe des Systems einer gemeinwohlgebundenen Realisierbarkeit koalitionsmäßiger Zweckbestimmung hatte ebenfalls ergeben, daß sie nicht Schutzobjekt des Art. 9 Abs. 3 S. 3 GG[43], sondern rechtswidrig sind[44]. Rüthers rechtlicher Wertung derartiger Sozialschlachten ist daher im Ergebnis zuzustimmen. Zugleich ist aber hervorzuheben, daß die Notstandsverursachung damit letztlich auf einen rechtswidrigen Arbeitskampf zurückgeführt wird, so daß unsere Ausgangsthese unerschüttert bleibt, wonach allenfalls rechtswidrige, aber nicht rechtmäßige Arbeitskämpfe die Voraussetzungen für Notstandssondervollmachten schaffen können.

Es bleibt lediglich einzuräumen, daß die gemeinwohlgefährdende Auswirkung des Arbeitskampfes, die in der Lähmung der Lebensmittelversorgung der Bevölkerung zu sehen ist[45], und die Gefährdung seiner Zweckverwirklichung infolge der abundierten Kampfintensität[46] durch Ausnutzung seitens subversiver Kräfte, also durch am Arbeitskampf unbeteiligte Dritte, besonders verschärft worden ist und erst durch diese Verschärfung eine innere Unruhe bewirkt hat. Die Möglichkeit der Ausnutzung setzt aber im allgemeinen schon voraus, daß der Arbeitskampf in gewissem Umfang Wirkungen gezeitigt hat, die ihn als materiell rechtswidrig beurteilen lassen.

Ist es nach alledem nicht vorstellbar, wie rechtmäßige Arbeitskämpfe notstandsverursachend sein könnten, so besitzt Art. 9 Abs. 3 S. 3 GG keine eigenständige unmittelbare Bedeutung für den Fall „Notstand durch Arbeitskampf". Das Problem des Schutzumfanges für notstandsverursachende Arbeitskämpfe stellt sich nicht, weil notstandsverursachende Arbeitskämpfe rechtswidrig und als solche nicht Schutzobjekt des Art. 9 Abs. 3 S. 3 GG sind.

IV. Arbeitskampf im Notstand

1. Parallelität von Arbeitskampf und Notstand

Anknüpfend an den Beispielsfall eines rechtswidrigen notstandsverursachenden Arbeitskampfes ist zu bedenken, daß Dritte gerade während

---

[42] *Rüthers* DB 1968, 1951 (Sp. 2).
[43] s. o. § 4 II 5 c.
[44] s. o. § 4 IV 1 und 2.
[45] s. o. § 4 II 6 a.
[46] s. o. § 4 II 5 c.

der auch mit jedem rechtmäßigen Arbeitskampf notwendig verbundenen politischen Auswirkungen innere Unruhe i. S. d. Art. 87 a Abs. 4 und 91 GG stiften könnten. In einem solchen Falle sind jedoch nicht die Arbeitskämpfe selbst unmittelbar auslösende Ursache, sondern die Handlungen Dritter, die mit diesen rechtmäßigen Arbeitskämpfen zeitlich parallel liegen. Bei einer Parallelität von Arbeitskampf und Notstand, die außer dem Fall innerer Unruhe auch in allen anderen Notstandsfällen denkbar ist, geht es daher nicht um die rechtliche Beurteilung notstandsverursachender Arbeitskämpfe, sondern um die Beurteilung von „Arbeitskämpfen im Notstand". Für diese Beurteilung ist entscheidend, ob Arbeitskämpfe im Notstand isoliert betrachtet werden können, oder ob nicht eine Wechselwirkung zwischen Arbeitskampf und Notstand stattfindet, durch die die Rechtmäßigkeit der Arbeitskämpfe unmittelbar berührt wird.

Einige typische praktische Fälle sollen das Problem verdeutlichen.

2. Praktische Fälle

a) Beispiel 1

Die Explosion in einem Kernreaktor verursacht in Süddeutschland einen katastrophalen Flächenbrand. Zur gleichen Zeit findet im Saarland ein Streik im Bergbau statt. Bis zum Eintritt der Brandkatastrophe war der Arbeitskampf rechtmäßig.

b) Beispiel 2

Während einer Hochwasserkatastrophe im Donaugebiet ruft die Gewerkschaft ÖTV einen seit langem vorbereiteten allgemeinen Verkehrsstreik aus, der die Hilfsmaßnahmen für die von Obdachlosigkeit, Hunger und Krankheit bedrohte Bevölkerung der Überflutungsgebiete erheblich behindert. Bis zum Eintritt der Katastrophe war der Arbeitskampf rechtmäßig.

c) Beispiel 3

Nach einer mit Waffengewalt durchgeführten Auseinandersetzung an der Zonengrenze wird der Verteidigungsfall festgestellt. Gleichzeitig mit dem Einsatz der Bundeswehr ruft die IG Metall zu einem Streik auf, mit dem die tarifliche Verlängerung des Bildungsurlaubs erzwungen werden soll. Dieser Streik wäre ohne den Verteidigungsfall als rechtmäßig zu beurteilen gewesen.

3. Notstand und Rechtmäßigkeit des Arbeitskampfes

a) Der notstandsneutrale Arbeitskampf

Im Beispielsfall 1 liegen parallel ein rechtmäßiger Arbeitskampf im Südwesten und ein Katastrophenfall im Süden des Landes. Zwischen Arbeitskampf und Notstand bestehen bereits aufgrund der räumlichen Gegebenheiten keinerlei Abhängigkeiten. Der Arbeitskampf ist vielmehr notstandsneutral. Es ist kein Grund ersichtlich, den ursprünglich rechtmäßigen Arbeitskampf jetzt wegen der gleichzeitigen Brandkatastrophe materiellrechtlich anders zu beurteilen.

Demzufolge ist und bleibt dieser Arbeitskampf Schutzobjekt des Art. 9 Abs. 3 S. 3 GG. Der Umfang der Schutzwirkung ergibt sich aus den obigen Ausführungen. Danach dürfen die durch die Brandkatastrophe nach Art. 35 Abs. 2 und 3 GG veranlaßten Notstandsmaßnahmen nicht auf diesen rechtmäßigen Arbeitskampf erstreckt werden.

b) Der im Notstand hinderliche Arbeitskampf

Im Beispielsfall 2 ergeben sich Wechselwirkungen zwischen Arbeitskampf und Notstand. Die Führung oder Fortführung des allgemeinen Verkehrsstreiks wirkt sich hindernd auf die Behebung des durch die Flutkatastrophe eingetretenen Notstandsfalles aus. Der Arbeitskampf ist daher nicht notstandsneutral, sondern notstandsrelevant.

Wollte man den isoliert betrachtet rechtmäßigen Arbeitskampf der Schutzbestimmung des Art. 9 Abs. 3 S. 3 GG unterstellen, so könnten die Notstandsmaßnahmen nach Art. 35 Abs. 2 und 3 GG trotz des gleichzeitig stattfindenden Arbeitskampfes getroffen werden, und zwar auch insoweit, als der Arbeitskampf durch diese Maßnahmen reflexiv mitbetroffen würde. Die Notstandsmaßnahmen würden sich nicht gegen den Arbeitskampf „richten". Darüber hinaus ließe eine sachgerechte Güterabwägung zwischen dem Schutzobjekt Arbeitskampf und den durch Art. 35 Abs. 2 und 3 GG geschützten Rechtsgütern die Schutzwürdigkeit des Arbeitskampfes — insbesondere aufgrund des besonderen Effektivitätsbedürfnisses im Notstandsfall — hinter den durch die Notstandssondervollmachten geschützten vorrangigen Rechtsgütern zurücktreten.

Da der Arbeitskampf jedoch notstandsrelevant ist, kann er als das soziale Geschehen schlechthin nicht ohne Berücksichtigung seiner Auswirkungen auf die Notstandssituation beurteilt werden. Die Rechtmäßigkeitsprüfung anhand des Systems einer gemeinwohlgebundenen Realisierbarkeit koalitionsmäßiger Zweckbestimmung trägt dieser Relevanz gebührend Rechnung. Danach ist die Führung oder Fortführung des Arbeitskampfes wegen der unerträglichen Beeinträchtigung des Gemeinwohls rechtswidrig[47]. Infolgedessen versagt der Schutz des Art. 9 Abs. 3 S. 3 GG von vornherein, so daß sich das Problem des Schutzumfanges überhaupt nicht stellt.

c) Der notstandsverschärfende Arbeitskampf

Auch im Beispielsfall 3 ist der Arbeitskampf isoliert betrachtet rechtmäßig, so daß er danach Schutz durch Art. 9 Abs. 3 S. 3 GG in dem beschriebenen Umfang genösse.

Ferner ist aber auch hier eine Wechselwirkung zwischen Arbeitskampf und Notstand gegeben, die nicht nur in einer Behinderung der Notstandsmaßnahmen, sondern in einer Störung des auf die Bewältigung des Verteidigungsfalles ausgerichteten Wirtschaftsablaufes besteht[48]. Der Arbeitskampf ist daher notstandsrelevant infolge seiner notstandsverschärfenden Auswirkung. Die damit verbundene unerträgliche Beeinträchtigung des Gemeinwohls macht die Führung oder Fortführung dieses Arbeitskampfes rechtswidrig[49].

Als Ergebnis ist somit festzuhalten, daß notstandsrelevante Arbeitskämpfe rechtswidrig und damit nicht Schutzobjekt des Art. 9 Abs. 3 S. 3 GG sind.

V. Zusammenfassung

1. Schutzobjekt des Art. 9 Abs. 3 S. 3 GG sind nur die materiell rechtmäßigen Arbeitskämpfe. Die Schutzfunktion des Art. 9 Abs. 3 S. 3 GG ist auf die zielgerichtete Anwendung bestimmter Notstandssondervollmachten beschränkt. Unberührt bleibt die einfach-gesetzliche Regelungskompetenz.

2. Da grundsätzlich nur Streiks von Notstandssondervollmachten betroffen sein können, schützt Art. 9 Abs. 3 S. 3 GG in praxi nur rechtmäßige Streiks vor einer zielgerichteten Anwendung der Notstandssondervollmachten.

§ 6 Schutzqualität des Art. 9 Abs. 3 S. 3 GG

I. Der positive Regelungsinhalt

Die Bedeutung des unmittelbaren Regelungsinhalts erschöpft sich in seinem positiven Gehalt darin, den rechtmäßigen Arbeitskampf als

---
[47] Vgl. *Franz Bauer* DB 1968, 1535 (Sp. 2); *Rüthers* DB 1968, 1951 (Sp. 1 a. E./Sp. 2); a. A. *v. Barby* AuR 1968, 269 (Sp. 2 o.).
[48] Vgl. § 1 Abs. 1 ESG; § 1 Abs. 1 VSG; § 1 Abs. 1 WSG.
[49] Vgl. *Rüthers* DB 1968, 1951.

Schutzobjekt bezeichnet und daran die Folge geknüpft zu haben, daß der rechtmäßige Arbeitskampf nicht mit Notstandssondervollmachten bekämpft werden darf.

Diese Regelung ist für die Normallage selbstverständlich, weil rechtmäßige Arbeitskämpfe ohnehin nicht die Voraussetzungen erfüllen, die für die Anwendung der Notstandssondervollmachten nach den Art. 12 a, 35 Abs. 2 und 3, 87 a Abs. 4 und 91 GG gegeben sein müssen[1].

Auch im Notstandsfall ist diese Regelung überflüssig, weil die während eines Notstandsfalles vorgenommene Erstreckung der Notstandssondervollmachten auf die auch im Notstand rechtmäßigen notstandsneutralen Arbeitskämpfe mißbräuchlich und deshalb nach allgemeinen Rechtsgrundsätzen verfassungswidrig wäre[2].

II. Der negative Regelungsinhalt

Nicht Schutzobjekt des Art. 9 Abs. 3 S. 3 GG ist der rechtswidrige Arbeitskampf. Rechtswidrig ist derjenige Arbeitskampf, der einer gemeinwohlgebundenen Realisierbarkeit koalitionsmäßiger Zweckbestimmung nicht entspricht.

Aus dieser negativen Aussage allein folgt jedoch nicht, daß der rechtswidrige Arbeitskampf mit Notstandssondervollmachten bekämpft werden dürfte. Denn auch materiell rechtswidrige Arbeitskämpfe werden grundsätzlich die Voraussetzungen für die Anwendung der Notstandssondervollmachten nicht erfüllen.

Dies ist ausnahmsweise nur dann der Fall, wenn es sich um Arbeitskämpfe handelt, deren Rechtswidrigkeit gerade in der Notstandsverursachung oder der hinderlichen oder verschärfenden Notstandsrelevanz besteht.

III. Leerlauf des Gesetzes

Der unmittelbare Regelungsinhalt besitzt demnach unter positivem wie negativem Aspekt deklaratorische Bedeutung.

Unbegründet sind insbesondere Befürchtungen, Art. 9 Abs. 3 S. 3 GG könnte dahin interpretiert werden, daß Arbeitskämpfe selbst unter den extremen Gegebenheiten eines Notstandes stets zulässig sein sollten, ohne daß dafür gesorgt werden könnte, Streitigkeiten von untergeordneter Bedeutung so lange zurückzustellen, bis die viel größere Gefahr beseitigt sei[3].

---

[1] s. o. § 5 III 1 - 3.
[2] s. o. § 5 IV 1 - 3.
[3] Vgl. *Benda*, Notstandsverfassung und Arbeitskampf, S. 31.

Dem Art. 9 Abs. 3 S. 3 GG widerfährt damit letztlich die gleiche Beurteilung, wie sie bereits dem Art. 91 Abs. 6 RE II zuteil wurde[4]: die Bestimmung läuft in ihrem unmittelbaren Regelungsinhalt leer und könnte insoweit gestrichen werden. Denn für die instrumentelle Sicherung des Arbeitskampfes im Notstand wird durch Art. 9 Abs. 3 S. 3 GG unmittelbar nichts hinzugewonnen. Dies wäre nur dann der Fall gewesen, wenn die Schutzklausel eine von konkreten Notstandsfällen unabhängige Arbeitskampffreiheit formuliert hätte. Der Arbeitskampffreiheit widerfährt im Notstandsfall andererseits aber auch keine Einschränkung, weil die im Notstand rechtmäßigen Arbeitskämpfe nicht untersagt sind.

---

[4] Vgl. dazu *Evers*, Notstandsverfassung, S. 201 f.; vgl. ferner zu Art. 91 Abs. 4 RE III *H. Schäfer*, S. 76 ff.

Drittes Kapitel

Das Arbeitskampfrecht der „Normallage"

§ 7 Arbeitskampfgarantie

I. Die vorgefundenen Meinungen

1. Beurteilung der Arbeitskampffreiheit vor Art. 9 Abs. 3 S. 3 GG

Bis hin zur Verabschiedung des 17. Gesetzes zur Ergänzung des Grundgesetzes war in Rechtsprechung und Lehre das Ob und Wie verfassungsrechtlicher Geschütztheit des Arbeitskampfes höchst umstritten. Darüber kann das Bemühen nicht hinwegtäuschen, diese oder jene Auffassung mit dem Geltungsanspruch herrschender Meinung auszustatten. Auch der in der parlamentarischen Beratung des Art. 9 Abs. 3 S. 3 GG gelegentlich erweckte Eindruck, diese Streitfrage sei bereits zum damaligen Zeitpunkt entschieden und ausgestanden, ist irreführend.

Zwar wird die Koalitionsfreiheit weitgehend als „Doppelgrundrecht"[1], als „mehrzoniges" oder „mehrstufiges" Grundrecht[2] verstanden, das ein Recht auf Koalitionsbildung[3], ein Recht auf Koalitionsbestand[4] und ein Recht auf koalitionsmäßige Betätigung[5] gewähre. Dennoch bietet die Beurteilung der Arbeitskampffreiheit ein buntes Bild.

---

[1] Vgl. etwa *Abel*, S. 81; *Dietz*, Grundrechte Bd. III/Tl. 1, S. 444 ff.; *Evers*, Arbeitskampffreiheit, S. 13, 16 ff.; *Hamann-Lenz*, Art. 9 Anm. A 2; *Krüger*, S. 19; *Lerche*, Arbeitskampf, S. 25 ff.; *v. Mangoldt-Klein*, Art. 9 Anm. V 3; *v. Münch* BK, Art. 9 RN 112; *Rüthers*, Streik, S. 35 ff.; *Säcker*, S. 33 ff.; *Weber*, S. 11; *Weber-Scheuner-Dietz*, S. 40, 43 jeweils m. w. N.

[2] *Maunz-Dürig*, Art. 9 RN 107 ff.; vgl. *Scholz*, S. 121 ff., 145 ff., der die Koalitionsfreiheit jedoch ausschließlich individualrechtlich deutet.

[3] Positive und negative Koalitionsfreiheit: vgl. etwa *Biedenkopf*, Grenzen, S. 89; *Dietz*, Grundrechte Bd. III/Tl. 1, S. 444; *Weber*, S. 11; weitere Nachweise bei *Scholz*, S. 41 FN 3. Ablehnend zur negativen Koalitionsfreiheit: vgl. statt vieler *Hueck-Nipperdey*, Bd. II/Tl. 1 (1966), S. 156 ff. m. w. N.

[4] Vgl. etwa *Säcker*, S. 33 ff.; weitere Nachweise bei *Scholz*, S. 51 FN 1.

[5] Vgl. die grundsätzliche Entscheidung des BVerfG: E 4, 101 f.; ferner *Abel*, S. 81; *Dietz*, Grundrechte Bd. III/Tl. 1, S. 444 ff.; *Evers*, Arbeitskampffreiheit, S. 13, 16 ff.; *Hamann-Lenz*, Art. 9 Anm. A 2; *Krüger*, S. 19; *Lerche*, Arbeitskampf, S. 25 ff.; *v. Mangoldt-Klein*, Art. 9 Anm. V 3; *v. Münch* BK, Art. 9 RN 112; *Rüthers*, Streik, S. 35 ff.; *Säcker*, S. 33 ff.; *Weber*, S. 11; *Weber-Scheuner-Dietz*, S. 40, 43 jeweils m. w. N.; weitere Nachweise bei *Säcker*, S. 34 FN 57.

§ 7 Arbeitskampfgarantie

Der Überblick wird erschwert durch die oft verschiedene oder nur andeutungsweise Begründung ähnlicher Ergebnisse. Dem Anliegen dieser Untersuchung erscheint eine Rubrizierung denkbarer Konstruktionen angeraten: Die Arbeitskampffreiheit kann entweder individual- oder kollektivrechtlich betrachtet werden[6]. Beide Betrachtungsweisen führen entsprechend der verfassungstechnischen Gestaltbarkeiten[7] zu ähnlich vielfältigen Beurteilungsmöglichkeiten, die von fehlender Verfassungsgeborgenheit über die bloße Einrichtungsgarantie des Arbeitskampfes als Rechtsinstitut bis hin zu echter subjektiv-öffentlicher Grundrechtsgewährung reichen.

Die unterscheidungskräftigsten Thesen sind:

1. Die Arbeitskampffreiheit ist individual- oder kollektivrechtlich nicht oder nur im Rahmen der von Verfassungs wegen geschützten allgemeinen Handlungsfreiheit verfassungsgeborgen.

2. Der Arbeitskampf wird als Rechtsinstitut garantiert, ohne daß die Verfassung ein individuelles oder kollektives Grundrecht im Sinne eines subjektiv öffentlichen Rechtes gewähren würde.

3. Die Arbeitskampffreiheit wird dem Grundsatz nach individual- oder kollektivrechtlich als subjektiv-öffentliches „Gruppengrundrecht" geschützt.

Unter der Geltung der Weimarer Verfassung schloß nach traditioneller Auffassung die Freiheit, als Koalition zu wirken, nicht die Freiheit der Kampfbetätigung ein. Durch Art. 159 WRV wurden die Koalitionsmittel und ihre Verwendung verfassungsrechtlich nicht gewährleistet[8]. Die Arbeitskampffreiheit sei danach nicht verfassungsgeborgen, sondern „Ausfluß natürlicher Handlungsfreiheit"[9], so daß Arbeitskämpfe reichs- und landesrechtlich durch ein einfaches Gesetz beliebig im öffentlichen Interesse hätten verboten werden können[10].

Anknüpfend an diese vorwiegend individualrechtliche Betrachtungsweise[11] wurde auch für das Grundgesetz wegen der Unterlassung einer

---
[6] Für die individualrechtliche Betrachtungsweise stellt sich die Arbeitskampffreiheit als bloße Summe gebündelter Individualinteressen dar, — vgl. statt vieler *Scholz*, S. 121 ff. —, während sie für die kollektivrechtliche Betrachtungsweise eine eigenständige Gruppenbedeutung besitzt, — vgl. die bereits in FN 5 Genannten.
[7] Vgl. *Maunz*, S. 91 ff.
[8] So die ganz überwiegende Meinung; vgl. etwa *Hueck-Nipperdey*, Bd. II (1930), S. 435 ff., 452 ff.; *Kaskel*, S. 387; *Anschütz*, Art. 159 Anm. 5; weitere Nachweise bei *Dietz*, Grundrechte Bd. III/Tl. 1, S. 462.
[9] *Hueck-Nipperdey*, Bd. II (1930), S. 437.
[10] *Hueck-Nipperdey*, a.a.O., S. 438; *Anschütz*, Art. 159 Anm. 6.
[11] *Hueck-Nipperdey*, a.a.O., S. 437: „Streik und Aussperrung bleiben trotz Art. 159 WRV und trotz etwaiger Kampfführung durch die Koalition rechtlich dasselbe, was sie ohne Koalition sind."

verfassungsrechtlichen Positivierung des Rechts auf Arbeitskampf in Art. 9 Abs. 3 GG[12] eine verfassungsrechtliche Gewährleistung der Arbeitskampffreiheit verneint. Danach ist die Arbeitskampffreiheit überhaupt nicht verfassungsgeborgen oder der allgemeinen Handlungsfreiheit des Art. 2 Abs. 1 GG mit ihren erheblichen Vorbehalten und Schranken[13] zuzurechnen. Jedenfalls gewähre diese allgemeine Kampffreiheit kein Recht im Sinne einer subjektiven Anspruchsposition, sondern sei als schlichte Freiheit zu verstehen, die der grundsätzlich freien Beschränkung durch den einfachen Gesetzgeber unterliege[14].

Demgegenüber wurde in jüngerer Zeit geltend gemacht, Art. 2 Abs. 1 GG[15] oder Art. 9 Abs. 3 GG[16] bzw. die Zusammenschau von Art. 9 Abs. 3, 20 Abs. 1 und 28 Abs. 1 GG[17] gewährten einen Kernbereich des Arbeitskampfes im Sinne einer Konnexgarantie[18]. Zwar gebe es kein individuelles oder kollektives Grundrecht auf Arbeitskampf im Sinne eines subjektiven öffentlichen Rechts, ein generelles Arbeitskampfverbot wäre aber als Verstoß gegen die Garantie des Rechtsinstituts Arbeitskampf verfassungswidrig und darum nichtig[19].

Andere wiederum verstehen die Arbeitskampffreiheit als Arbeitskampfrecht, das sie direkt in Art. 9 Abs. 3 GG ansiedeln[20]. Der Arbeits-

---

[12] Zur Entstehungsgeschichte ausführlich, *Rüthers*, Streik, S. 23 ff.

[13] Zur Auslegung des Art. 2 Abs. 1 GG: BVerfGE 6, 32 (36).

[14] Vgl. in dieser Richtung: *Bertele*, S. 22; *Bötticher*, S. 6 ff.; *Bulla*, S. 165 ff.; *Bulla* DB 1959, 542, 571, 574; *Dietz*, Grundrechte Bd. III/Tl. 1, S. 463; *Dietz* JZ 1959, 430; *Forsthoff*, Gutachten, S. 11; *Galperin* BB 1965, 93 (95); *Hohenester*, S. 30 f.; *Huber*, Bd. II, S. 391 ff., 414; *Hueck-Nipperdey*, Bd. II/Tl. 1 (1966), S. 143; *Kaiser*, Repräsentation, S. 200 f.; *Krüger* BB 1955, 613; *Leisner*, S. 282; *Lohse*, S. 59 ff.; *v. Mangoldt-Klein*, Art. 9 Anm. VII 2; *Neumann-Duesberg* JR 1954, 441 (443 f.); *Nikisch*, Bd. II, S. 104 ff.; *Osswald*, S. 13 ff.; *Promberger*, S. 14 f.; *Siebrecht*, S. 30; *Tillmann*, S. 44; *Weber*, Festschrift für d. OLG Celle, S. 245; *Weber-Scheuner-Dietz*, S. 69 f., 100 f., 106 ff.; *Wernicke* BK, Art. 9 Anm. II 3. — Vgl. aus der RSpr.: BAGE 1, 191; 5, 130; 10, 111 (114); 14, 282 (288); 17, 218 (223); BGHSt 10, 79 ff. (83).

[15] *Hueck-Nipperdey*, Bd. II/Tl. 1 (1966), S. 142 ff.

[16] *Dietz* JuS 1968, 3 f.; vgl. jetzt auch *Hueck-Nipperdey*, Bd. II/Tl. 2 (1970), S. 914 ff. und ebenso wohl auch *Weber*, S. 36.

[17] Vgl. *Brox-Rüthers*, S. 43; *Lohse*, S. 81.

[18] Zur Kernbereichslehre des BVerfG: E 4, 96 (101, 106); 17, 319 (333); 18, 18 (26); 19, 217 (221 f.); 19, 303 (312 ff.); 20, 312 (317 ff.); — vgl. dazu *Säcker*, S. 89 ff.

[19] Vgl. in dieser Richtung: *Ballerstedt*, Grundrechte Bd. III/Tl. 1, S. 86 f.; *Brox-Rüthers*, S. 41 ff.; *Dietz* JuS 1968, 3 f.; *Evers*, Arbeitskampffreiheit, S. 13 ff., der darüber hinaus ein subjektives Arbeitskampfrecht aus Art. 2 Abs. 1 GG herleitet; *Hamann-Lenz*, Art. 9 Anm. B 8 b, bb; *Hueck-Nipperdey*, Bd. II/Tl. 2 (1970), S. 914 ff.; *Kunze* BB 1964, 1311; *Mayer-Maly* JBl. 1967, 5; *Ramm* AuR 1967, 97; *Reuß*, Arbeitskampffreiheit, S. 253; *Reuß* AuR 1965, 99; *Richardi* RdA 1970, 65 f.; *Rüthers*, Streik, S. 19 ff., 72 ff.; *Säcker*, S. 81 ff.; *Söllner*, S. 69 ff.; *Stein*, S. 170; *Weitnauer* DB 1970, 1640 ff.

[20] *Abendroth* GMH 1954, 259; *Fritz Bauer* JZ 1953, 649; *Däubler*, S. 66 ff.; *Hessel* BB 1951, 85; *Hoffmann*, S. 169 ff.; *Lerche*, Arbeitskampf, S. 42 ff.; *Meissinger*, S. 196; ders. AuR 1954, 353; ders. DB 1954, 783; ders. NJW 1955, 972; *Maunz-*

kampf als essentielle Erscheinungsform des verfassungsrechtlich anerkannten Koalitionsgegensatzes sei wesentlicher Ausschnitt koalitionsmäßiger Betätigung und damit zugleich wesentlicher Ausschnitt der dritten Zone grundgesetzlich gewährleisteter Koalitionsfreiheit. Vertreter dieser vorwiegend kollektivrechtlichen Lehre leiten daraus, wenn auch mit im einzelnen unterschiedlicher Begründung, ein allgemeines oder wenigstens prinzipielles subjektiv-öffentliches Gruppengrundrecht[21] auf Kampfbetätigung ab, das gegenüber dem Gesetzgeber und der Exekutive in erster Linie im Schutze der antagonistischen Grundlage, im Willkürverbot und in der Beachtung der Sozialstaatlichkeit bestehe[22].

2. Die Arbeitskampffreiheit aus der Sicht des Art. 9 Abs. 3 S. 3 GG

Gleichwohl der Verfassungsgesetzgeber seine frühere Zurückhaltung insofern aufgegeben hat, als er den Arbeitskampf jetzt ausdrücklich anspricht, ist mit Art. 9 Abs. 3 S. 3 GG — von der Kritik über die notstandsrechtliche Zweckmäßigkeit einmal ganz abgesehen — keine Einigkeit über den verfassungsrechtlichen Schutz des Arbeitskampfes in der Normallage entstanden. Vielmehr ist der auch im Grundsätzlichen bestehende Meinungsstreit in dem Maße neu entbrannt, in dem die Beurteilung der mittelbaren Bedeutung des Art. 9 Abs. 3 S. 3 GG auseinandergeht.

Einer Überprüfung seines bisherigen Standpunkts enthebt sich von vornherein, wer in Art. 9 Abs. S. 3 GG lediglich einen „rein negativen Inhalt" erblickt, durch den eine Arbeitskampfgarantie nicht entschieden werde und nicht entschieden werden sollte[23]. Danach bleibt die Frage nach der verfassungsrechtlichen Gewährleistung der Arbeitskampffreiheit in der Normallage überhaupt unbeantwortet[24] und folglich grundrechtstheoretisch unvermindert aktuell[25].

Aufgrund ihrer unmittelbar notstandsregelnden Intention wird der Schutzklausel eine grundsätzlich neue oder gar konstitutive Verfassungs-

---

Dürig, Art. 9 RN 112; *G. Müller* RdA 1951, 247; ders. DRdA 1968, 66; *v. Münch* BK, Art. 9 RN 155; *Radke*, S. 144 ff.; *Ridder*, S. 31 f.; *Säcker*, S. 81 ff., der jedoch nicht zwischen Institutsgarantie und subjektiv öffentlichem Arbeitskampfrecht zu differenzieren scheint (S. 86 FN 168); *H. Schäfer*, S. 37 (78); *R. Schmid* GMH 1954, 4 f.; *Schnorr v. Carolsfeld*, S. 321; *Scholz*, S. 61. Vgl. aus der RSpr.: LAG Bayern BayABl. 1953, C. 77; C. 165; C. 102; C. 135.

[21] Vom individualrechtlichen Standpunkt aus stellt sich dieses Grundrecht nur im „quantitativen Sinne" als „summiert-individuales" Gruppengrundrecht dar; *Scholz*, S. 37, 149. Vgl. dazu jüngst *Scheuner* DöV 1971, 505 ff. (509 f.).

[22] So insb. *Lerche*, Arbeitskampfrecht, S. 87; vgl. im Ergebnis auch *Scholz*, S. 149, 254 ff.

[23] Vgl. *Hamann-Lenz*, Art. 9 Anm. B 12 mit Anm. B 8 a, bb und 10; *v. Barby* AuR 1968, 267 (269 Sp. 1).

[24] *Säcker*, S. 82.

[25] *Säcker*, S. 83.

entscheidung abgesprochen[26]. Ihre allenfalls deklaratorische mittelbare Aussage wird für den Normalfall derart undediziert verstanden, daß sie als Bestätigung der grundverschiedensten Auffassungen zu gelten vermag.

So wertet A. Hueck[27] Art. 9 Abs. 3 S. 3 GG als Anerkennung des Gesetzgebers, daß Arbeitkämpfe als „Ausfluß des Koalitionsrechts anzusehen und deshalb verfassungsrechtlich zu schützen sind". Da aber ein subjektiv öffentliches Arbeitskampfrecht jede tarifvertragliche Friedenspflicht nach Art. 9 Abs. 3 S. 2 GG aufheben würde, sei Art. 9 Abs. 3 S. 3 GG als „wünschenswerte Bestätigung" dafür anzusehen, daß die Verfassung die Arbeitskampffreiheit nur als schlichte, keine subjektiv-rechtliche Anspruchsposition begründende Freiheit im Sinne Nipperdeys[28] und Nikischs[29] schütze.

Rüthers[30] und Evers[31] sehen in Art. 9 Abs. 3 S. 3 GG wie neuerdings wohl auch Nipperdey[32] eine Bestätigung der aus Art. 9 Abs. 3 S. 1 GG entwickelten Lehre einer verfassungsgesetzlichen Einrichtungsgarantie des arbeitsrechtlichen Arbeitskampfes. Danach könne ein subjektiv-öffentliches Arbeitskampfrecht überhaupt nicht[33] oder nur im Wege des Rückgriffs auf Art. 2 Abs. 1 GG begründet werden[34],

Behutsamer sehen Lerche[35], Maunz-Dürig[36], Scholz[37] und Bauer[38] in Art. 9 Abs. 3 S. 3 GG eine gewisse Bekräftigung der These, daß die Koalitionsfreiheit prinzipiell auch den Arbeitskampf erfasse, ohne daß jedoch Art. 9 Abs. 3 S. 3 GG einen zwingenden Schluß in dieser Richtung erlaube. Im Ergebnis wird Art. 9 Abs. 3 S. 3 GG immerhin als Indiz dafür empfunden, daß Art. 9 Abs. 3 S. 1 GG ein „qualitativ-kollektives"[39] bzw. ein „quantitativ-kollektives"[40] Arbeitskampfrecht, wenn auch unter erheblichen Bedingtheiten, gewähre.

---

[26] *Scholz*, S. 38; BAG DB 1968, 1715 (1716 Sp. 2 M).
[27] *A. Hueck* RdA 1968, 431 (Sp. 2).
[28] *Hueck-Nipperdey*, Bd. II/Tl. 1 (1966), S. 143 f., 148 ff.
[29] *Nikisch*, Bd. II, S. 106.
[30] *Rüthers* DB 1968, 1950 (Sp. 1).
[31] *Evers*, Arbeitskampffreiheit, S. 103.
[32] Vgl. *Hueck-Nipperdey*, Bd. II/Tl. 2 (1970), S. 915 f.
[33] Vgl. *Rüthers* in Brox-Rüthers, S. 41 f.
[34] *Evers*, Arbeitskampffreiheit, S. 17.
[35] *Lerche*, Arbeitskampf, S. 89.
[36] *Maunz-Dürig*, Art. 9 RN 136.
[37] *Scholz*, S. 38 f., 61.
[38] *Franz Bauer* DB 1968, 1535 (Sp. 1).
[39] Vgl. *Lerche*, Arbeitskampf, S. 25.
[40] Vgl. *Scholz*, S. 148 f.

II. Die Zulässigkeit mittelbarer Folgerungen aus Art. 9 Abs. 3 S. 3 GG

1. Historische und logische Interpretation

Bevor der Versuch unternommen werden kann, aus Art. 9 Abs. 3 S. 3 GG mittelbare Folgerungen für das Recht des Arbeitskampfes in der Normallage zu ziehen, muß vorab das erkenntnistheoretische Terrain erkundet werden.

Die verschiedenen Entstehungszeitpunkte könnten der Nutzbarmachung des jüngeren Art. 9 Abs. 3 S. 3 GG für die beiden vorangehenden älteren Sätze des Art. 9 Abs. 3 GG entstehungsgeschichtlich den Weg verlegen. Damit ist an den Einwand gedacht, daß beide Teile des jetzigen Art. 9 Abs. 3 GG zu unterschiedlichen Zeiten entstanden sind und deshalb für ihre Auslegung auf den Willen des Gesetzgebers zur jeweiligen Entstehungszeit abgestellt werden müsse. Dagegen ist aber zu berücksichtigen, daß der verfassungsändernde Gesetzgeber den neuen Satz 3 unmittelbar an die beiden schon vorhandenen Sätze angefügt und nicht etwa den Entwürfen entsprechend[41] einen besonderen Artikel oder Abschnitt geschaffen hat. Daher wird man anerkennen müssen, daß nach dem für die Zukunft maßgebenden Willen des jetzigen Gesetzgebers nur eine einheitliche Auslegung des Art. 9 Abs. 3 S. 1 - 3 GG möglich ist[42]. Insoweit sind Zweifel gegen Schlußfolgerungen von der jüngeren Norm auf die ältere unbegründet.

Bedenken gegen die Heranziehung des Art. 9 Abs. 3 S. 3 GG für das Recht der Normallage bleiben aber deshalb, weil nach dem erklärten Willen des historischen Gesetzgebers mit dieser Schutzklausel ausschließlich eine Notstandsregelung geschaffen werden sollte, die die allgemeine verfassungsrechtliche Beurteilung der Zulässigkeit von Arbeitskämpfen in der Normallage unberührt läßt. Das Recht der Normallage sollte weder verändert noch bestätigt werden[43], sondern mit allen seinen unentschiedenen Streitigkeiten gewissermaßen in einem Schwebezustand erhalten bleiben. Es entspricht diesem Anliegen, daß der Gesetzgeber auf eine Definition der im Normalfall geltenden Rechtslage verzichtet hat. Insofern dürfte die Erklärung der Bundesregierung, daß nach ihrer Auffassung die in Art. 9 Abs. 3 GG gewährte Koalitionsfreiheit die Arbeitskampffreiheit als Rechtsinstitut mitgewährleiste[44], lediglich als ein „versöhnliches Wort" gewertet werden, mit dem die Tarifpartner, insbeson-

---

[41] s. o. § 2 II 2 und III 1.
[42] Vgl. *A. Hueck* RdA 1968, 431 (Sp. 2 o.).
[43] s. o. § 2 III 2 c.
[44] s. o. § 2 III 2 c.

dere die Gewerkschaften, gegenüber einer Notstandsregelung geneigter gemacht werden sollten.

Die bewußte Aussparung des Regelungsbereichs „Normallage" kann sich jedoch solchen Folgerungen nicht verschließen, deren Ergebnisse gedanklich notwendige Voraussetzungen für den geregelten Bereich „Notstand" darstellen — ohne die gewissermaßen kein sinnvolles Gefüge zwischen diesen Bereichen ein und desselben Regelungsobjekts bestehen würde.

Daher setzt auch eine im Notstand in unmittelbar praktischer Hinsicht leerlaufende Schutzklausel denknotwendig voraus, daß das Schutzobjekt des Notstandes nicht bereits durch „überholende" einfach-gesetzliche Regelungen im Normalfall eliminiert wird. Die über das Schutzobjekt „rechtmäßiger Arbeitskampf" getroffene Notstandsregelung impliziert folglich eine „Gewährleistung" auch in der Normallage[45].

Die nähere Beschaffenheit dieser Gewährleistung erschließt sich in gewissem Umfang durch solche wertende Rückschlüsse, die die Normierung des Regelungsbereichs „Notstand" auf den ausgesparten Regelungsbereich „Normallage" zumindest insoweit erlaubt, als klare Wertungsverhältnisse zwischen den Regelungsbereichen bestehen. So ist dargelegt worden, daß jede Notstandsregelung eine Beschränkung an Grundrechten intendiert[46]. Umgeschlagen auf den Normalfall kann dies nur bedeuten, daß das, was sogar im Notstand gewährt wird oder unangetastet bleibt, erst recht im Normalfall geschützt ist, wie umgekehrt der Schutz im Notstand nicht weiterreichen kann als im Normalfall.

Obgleich also der Verfassungsgesetzgeber des Art. 9 Abs. 3 S. 3 GG aus begreiflichen Gründen eine Normierung des Normalfalles anläßlich der Notstandsregelung bewußt vermieden hat, steht diese Abstinenz mittelbaren Folgerungen vom Recht des Notstands auf das Recht der Normallage nicht entgegen.

2. Formulierung und Stellung der Schutzklausel

Auch die Wortfassung der Schutzklausel, die sich zunächst unmittelbar nur auf den Notstand bezieht, ist mittelbaren Folgerungen nicht unzugänglich. Die ausdrückliche und eigentlich überflüssige Verschonung rechtmäßiger Arbeitskämpfe vor Notstandssondervollmachten drängt grammatisch-logisch geradezu auf, daß rechtmäßige Arbeitskämpfe auch

---

[45] Vgl. aber *Scholz*, S. 39: der negative Schutz des Art. 9 Abs. 3 S. 3 GG „äußert mittelbar zwar auch einen positiven Gewährleistungseffekt". Dieser offenbare sich aber erst in der konkreten Rechtsanwendung, so daß er deshalb nicht den Schluß auf eine allgemeine Garantieentscheidung erlaube.
[46] s. o. § 3, 1 und 2 Ziff. 1.

im Normalfall verfassungsrelevante Schutzwürdigkeit besitzen müssen; andernfalls hätte der Verfassungsgesetzgeber ohne besonderes Augenmerk regelnd über sie hinweggehen können.

Sichtbar indiziert wird dies durch die systematische Stellung der Schutzklausel.

Gebräuchlicher Gesetzestechnik hätte es entsprochen, die Begrenzung notrechtlicher Ausnahmebefugnisse bzw. die unmißverständliche Klärung, daß rechtmäßige Arbeitskämpfe die Anwendung von Notstandssondervollmachten niemals gestatten, in den jeweiligen notrechtlichen Ausnahmenormen selbst unterzubringen, so wie die Entwürfe verfahren wollten[47].

Die aber im Gegensatz dazu mit Art. 9 Abs. 3 S. 3 GG systematisch getroffene Lösung zieht nun gewissermaßen die Schutzwürdigkeit rechtmäßiger Arbeitskämpfe vor den Gesamtkomplex notrechtlicher Sondervollmachten und rückt sie damit an hervorragende Stelle, so daß von hieraus die Erklärung der Bundesregierung, die Arbeitskampffreiheit werde von Art. 9 Abs. 3 GG als Rechtsinstitut mitgewährleistet, sichtbaren Ausdruck erlangt. Jedenfalls bilden die drei Sätze des Art. 9 Abs. 3 GG hinfort eine Einheit, so daß die sich in der systematischen Plazierung äußernde Vorstellung des verfassungsändernden Gesetzgebers interpretationstheoretisch mehr ist als nur eine prüfungsbedürftige Auslegungshypothese[48], wenn man die systematische Interpretationsmethode nicht insgesamt aufgeben will.

3. Teleologische Gesichtspunkte

Auch wenn sich die Zweifel an der Zulässigkeit und Zuverlässigkeit einer mittelbaren Auslegung des Art. 9 Abs. 3 S. 3 GG im Hinblick auf das Ob verfassungsrechtlicher Gewährleistung im wesentlichen ausräumen lassen, so bedarf es für das Wie dieser Gewährleistung besonderer Prüfung.

Art. 9 Abs. 3 S. 3 GG bezweckt den pauschalen Schutz rechtmäßiger Arbeitskämpfe vor Notstandssondervollmachten. Demzufolge erfaßt die Schutzklausel alle Arbeitskampfmittel sowohl der Arbeitgeber- wie der Arbeitnehmerseite. Sie scheint damit einer einfach-gesetzlichen Differenzierung zwischen den einzelnen Arbeitskampfmitteln zu widerraten[49]. Freilich wird diese Annahme zunächst nur nahegelegt. Ein zwingender

---

[47] s. o. z. B. § 2 II 2 und III 1.
[48] So aber *Säcker*, S. 83, der eine „authentische Verfassungsinterpretation" verneint.
[49] Vgl. *Säcker*, S. 83; *Hueck-Nipperdey*, Bd. II/Tl. 2 (1970), S. 915; wohl auch *Merker* DB 1968, 1404.

Schluß ist aus dieser pauschalen Behandlung nicht ohne weiteres zu gewinnen. Hat doch die Untersuchung über den Schutzumfang des Art. 9 Abs. 3 S. 3 GG gezeigt, daß auch im Notstand die einfach-gesetzliche Regelungskompetenz erhalten bleibt[50], so daß deren Gebrauch das Regelungsobjekt „Arbeitskampf" in der Normallage wie im Notstand erfassen würde. Ein Erst-recht-Schluß vom Notstand auf die Normallage, wonach der einfache Gesetzgeber von seiner Regelungskompetenz nicht in einer nach Arbeitskampfarten differenzierenden Weise Gebrauch machen könne, weil dies bereits der Verfassungsgesetzgeber für den Notstand bewußt unterlassen habe, wird demnach fragwürdig. Eine wie immer geartete einfach-gesetzliche Differenzierung würde auf beide Regelungsbereiche durchschlagen und damit lediglich den Inhalt des notstandsrechtlichen Schutzrahmens näher ausgestalten, ohne ihn jedoch zerbrechen zu lassen[51]. Auch wenn hier zu dieser Frage noch nicht abschließend Stellung genommen wird, zeigt diese vorläufige Betrachtung doch soviel, daß aus einer teleologischen Interpretation des Art. 9 Abs. 3 S. 3 GG kaum zuverlässige Folgerungen für das Wie verfassungsrechtlicher Gewährleistung der Arbeitskampffreiheit zu ziehen sein werden[52].

III. Verfassungsrechtliche Gewährleistung der Arbeitskampffreiheit

1. Die prinzipielle Verfassungsrelevanz

Mittelbar interpretatorische Folgerungen von Art. 9 Abs. 3 S. 3 GG auf das Recht des Arbeitskampfes in der Normallage müssen an die unmittelbar deklaratorische Aussage der Schutzklausel anknüpfen, die zunächst einmal die Verfassungsrelevanz rechtmäßiger Arbeitskämpfe im Notstand offenbarte.

Der verfassungsändernde Gesetzgeber hat sich bei der Schaffung notrechtlicher Ausnahmebefugnisse nicht nur einer besonderen Beschränkung der Arbeitskampffreiheit im Notstand enthalten, sondern sie darüber hinaus ausdrücklich und eigentlich überflüssig vor der zielgerichteten Anwendung bestimmter Notstandssondervollmachten verschont. Interpretationstheoretisch ist diese Aussage eine Bestätigung dafür, daß rechtmäßige Arbeitskämpfe auch und erst recht im Normalfall verfassungsrechtliche Bedeutung besitzen.

Die unbedingte Stringenz dieser Folgerung ist bisher noch nicht deutlich genug gesehen worden. Sie wird zusätzlich durch den ausdrücklichen

---
[50] s. o. § 5 I 3.
[51] Vgl. zu diesem Ergebnis *Evers*, Arbeitskampffreiheit, S. 103 ff.; *Glückert* DB 1968, 2279; *Lerche*, Arbeitskampf, S. 89 ff.
[52] So *Glückert* DB 1968, 2279 ff.

Wortlaut der Schutzklausel belegt. Denn Art. 9 Abs. 3 S. 3 GG äußert sich expressis verbis nicht nur zu dem Fall „Arbeitskampf im Notstand", sondern auch zu dem Fall „Notstand durch Arbeitskampf"[53], wonach der rechtmäßige Arbeitskampf nicht als Notstandsfall mißdeutet werden darf. Unmittelbar für die Normallage bestimmt daher Art. 9 Abs. 3 S. 3 GG, daß der rechtmäßige Arbeitskampf nicht die Tatbestandsmäßigkeit für die Anwendung der Notstandssondervollmachten erfüllt. Diese Regelung beinhaltet anders gewendet die Aussage, daß der rechtmäßige Arbeitskampf die Normallage nicht in einen Notstandsfall kehrt.

Die prinzipielle verfassungsrechtliche Relevanz rechtmäßiger Arbeitskämpfe in der Normallage ist danach offensichtlich. Für ein Bedauern, diese wichtige Aussage sei nicht im Hausbestand des Art. 9 Abs. 3 GG eingebaut worden[54], besteht insoweit kein Anlaß, ebensowenig wie es insoweit einer mittelbaren Interpretation bedarf.

2. Positiver Gewährleistungseffekt

Nach dem Bisherigen sieht sich positiv-rechtlich eindeutig widerlegt, wer der Arbeitskampffreiheit in der Normallage keinerlei verfassungsrechtliche Bedeutung beimessen wollte. Die prinzipielle Verfassungsrelevanz ergibt sich nicht erst im Wege der Interpretation des Art. 9 Abs. 3 S. 3 GG, sondern unmittelbar und ausdrücklich aus dessen Formulierung.

Die Schutzfunktion des Art. 9 Abs. 3 S. 3 GG äußert sich jedoch, auch soweit sie sich direkt auf die Normallage bezieht, grundrechtssystematisch in der Einführung einer „Schranken-Schranke"[55]. Deshalb bleibt zweifelhaft, ob der mit einer solchen Schrankenziehung verbundene positive Gewährleistungseffekt den Schluß auf eine allgemeine Garantieentscheidung erlaubt. Es ist behauptet worden, daß sich dieser positive Gewährleistungseffekt erst in der konkreten Rechtsanwendung äußere und daher keinen weitergehenden Schluß gestatte[56].

Gegen die Schlüssigkeit dieser Behauptung bestehen jedoch gewisse Bedenken.

Die Verneinung einer allgemeinen Garantieentscheidung setzt sich dem Verdacht aus, die unmittelbare, auf die Normallage bezogene Aussage des Art. 9 Abs. 3 S. 3 GG nicht oder nicht genügend berücksichtigt zu haben. Die Einführung einer „Schranken-Schranke" ist sprachlich nichts anderes als eine doppelte Verneinung, die im allgemeinen gesetzestech-

---
[53] s. o. § 5 III.
[54] Vgl. *Lerche*, Arbeitskampf, S. 89.
[55] *Scholz*, S. 38.
[56] *Scholz*, S. 39; vgl. auch *Säcker*, S. 82.

nisch nicht ungewöhnlich ist, auch wenn sich speziell für das Grundgesetz kein vergleichbares Gegenstück findet. Jedenfalls hätte sich diese für das Grundgesetz unübliche Verneinung theoretisch auch positiv formulieren lassen, ohne die Funktion der „Schranken-Schranke" dem Sinne nach zu ändern. Allein die praktische Schwierigkeit einer bündigen Formulierung, vor allem im Hinblick auf die trügerische[57] gesetzgeberische Intention, nicht streitentscheidend in das Recht des Arbeitskampfes in der Normallage eingreifen zu wollen, hat zu dieser Handhabung geführt.

Wollte man dem Art. 9 Abs. 3 S. 3 GG einen positiven Gewährleistungseffekt nur im Rahmen konkreter Rechtsanwendung zuerkennen, müßten sich manche mit dem gerade für sie sonderbaren Ergebnis abfinden, daß die „Schranken-Schranke" des Art. 9 Abs. 3 S. 3 GG in praktischer Hinsicht leerläuft und in deklaratorischer Weise nur den Streik schützt[58], weil die Anwendung der „Schranke" Notstandssondervollmacht praktisch nur gegen den Streik vorstellbar ist[59]. Dieser Folgerung steht aber der Wortlaut des Art. 9 Abs. 3 S. 3 GG und der erklärte Wille des verfassungsändernden Gesetzgebers entgegen, da die Schutzklausel mit vollem Bedacht nicht nur von Streiks oder allgemein nur von den Arbeitskampfmitteln der Arbeitnehmerseite, sondern pauschal von Arbeitskämpfen beider Seiten spricht.

Es erscheint danach verfassungsteleologisch richtiger, die sich auch in der Normallage in einer doppelten Schrankenziehung äußernde prinzipielle Verfassungsrelevanz der Arbeitskampffreiheit als eine allgemeine Garantieentscheidung zu begreifen, die einen positiven Gewährleistungseffekt nicht erst bei konkreter Rechtsanwendung, sondern bereits ohne diese offenbart.

Ob diese Garantieentscheidung als konstitutiv oder nur deklaratorisch angesehen werden muß, ist dabei eine sekundäre Frage.

Die auf die Normallage bezogene Aussage ist in dem Sinne deklaratorisch, als Art. 9 Abs. 3 S. 3 GG lediglich eine Selbstverständlichkeit betont, wenn er sagt, daß rechtmäßige Arbeitskämpfe die Normallage nicht in einen Notstandsfall umstürzen. Denn rechtmäßige Arbeitskämpfe werden ohnehin nicht die Voraussetzungen für die Anwendung der Notstandssondervollmachten erbringen[60]. Die klärende Aussage nimmt also

---

[57] Daß die streitentscheidende Abstinenz des verfassungsändernden Gesetzgebers in gewissem Umfang nur eine vermeintliche ist, war oben in § 7 II 1 - 3 dargelegt und mit der eigentlich widersprüchlichen Erklärung der Bundesregierung belegt worden, wonach bereits Art. 9 Abs. 3 S. 1 GG die Arbeitskampffreiheit als Einrichtungsgarantie gewährleiste.

[58] Dagegen auch und gerade *Säcker*, S. 83, der Art. 9 Abs. 3 S. 3 GG verfassungsteleologisch nur dann für verständlich hält, wenn durch Art. 9 Abs. 3 S. 1 GG Arbeitskampfmaßnahmen *beider* Seiten geschützt sind.

[59] s. o. § 5 II 2 und 3.

[60] s. o. § 5 III.

nur auf eine Verfassungsgarantie der Arbeitskampffreiheit Bezug, so daß sie als bereits bestehend vorausgesetzt wird[61].

Art. 9 Abs. 3 S. 3 GG äußert sich infolgedessen rein deklaratorisch des Inhalts, daß rechtmäßige Arbeitskämpfe auch in der Normallage verfassungsrechtlich garantiert sind.

3. Das Schutzgut verfassungsrechtlicher Gewährleistung

Eine Verfassungsgarantie der Arbeitskampffreiheit in der Normallage kann sich, auch wenn sie lediglich deklaratorischer Art ist, allein auf rechtmäßige Arbeitskämpfe beziehen. Diese Überlegung wird durch die Prüfung des Art. 9 Abs. 3 S. 3 GG bestätigt.

Die Schutzklausel bezeichnet selbst die Voraussetzungen für die verfassungsrechtliche Gewährleistung. Danach muß es sich um Arbeitskämpfe handeln, die von Koalitionen zur Wahrung und Förderung von Arbeits- und Wirtschaftsbedingungen geführt werden. Die Analyse dieser Voraussetzungen hat ergeben, daß damit nur Arbeitskämpfe angesprochen sind, die auf Arbeitnehmerseite von einer Gewerkschaft und auf Arbeitgeberseite von einem Arbeitgeberverband um eine im Rahmen des Gemeinwohls realisierbaren Zweckbestimmung willen geführt werden. Solcherart organisierte und zweckorientierte Arbeitskämpfe sind zugleich mit der h. L. als materiell rechtmäßig zu beurteilen[62]. Insoweit eignet sich daher das zur Ermittlung der Notstandsfestigkeit gewonnene System einer gemeinwohlgebundenen Realisierbarkeit koalitionsmäßiger Zweckbestimmung auch zur Ermittlung verfassungsrechtlicher Gewährleistung und materieller Rechtmäßigkeit von Arbeitskämpfen in der Normallage. Insbesondere sind danach weder im Notstand noch in der Normallage die als materiell rechtswidrig zu beurteilenden politischen und wilden Streiks garantiert.

Wie bereits die Untersuchung über eine „wechselseitige" Identität zwischen den Voraussetzungen der Notstandsfestigkeit und den Voraussetzungen materieller Rechtmäßigkeit gezeigt hat[63], bestehen jedoch gewisse Bedenken über die Umkehrung des gewonnenen Prüfungssystems. Die bisherige Untersuchung mußte letztlich offenlassen, ob auch die „wilde" Aussperrung, die weder im Notstand noch in der Normallage verfassungsgarantiert ist, zugleich als materiell rechtswidrig beurteilt werden kann. Die aus Art. 9 Abs. 3 S. 3 GG gezogene Folgerung einer

---

[61] Vgl. *Lohse*, S. 64: „Die Ergänzung (des Art. 9 Abs. 3 durch S. 3) geht daher von einem bestehenden, verfassungsrechtlich garantierten Streikrecht aus." Zum deklarativen Moment des Art. 9 Abs. 3 S. 3 GG vgl. auch *Scholz*, S. 38.
[62] s. o. § 4 IV 2.
[63] s. o. § 4 IV 2.

deklaratorischen Garantieentscheidung für die Arbeitskampffreiheit in der Normallage vermag daran kaum etwas zu ändern. Denn der verfassungsändernde Gesetzgeber hat sich eindeutig nur über die Voraussetzungen allgemeiner verfassungsrechtlicher Gewährleistung der Arbeitskampffreiheit geäußert und danach die „wilde" Aussperrung von einer Verfassungsgarantie ausgeschlossen. Mit dieser deutlichen Aufwertung der kollektiven Rechtsposition[64] fällt er jedoch nicht zugleich grammatisch-logisch zwingend ein materiell-rechtliches Verdikt über die „wilde" Aussperrung. Vielmehr steht es prinzipiell im freien Ermessen des Verfassungsgesetzgebers, nur bestimmte Arbeitskämpfe eigens von Verfassungs wegen zu garantieren, die nicht garantierten und damit nicht verfassungsgeborgenen Arbeitskämpfe aber im Rahmen der sonstigen Rechtsordnung weiterhin zuzulassen.

Abschließend ist daher festzustellen, daß Art. 9 Abs. 3 S. 3 GG die deklaratorische Verfassungsgarantie in der Normallage allein für Arbeitskämpfe ausspricht, die dem System einer gemeinwohlgebundenen Realisierbarkeit koalitionsmäßiger Zweckbestimmung entsprechen. Dieses Prüfungssystem ist zur Ermittlung materieller Rechtmäßigkeit mit Sicherheit nur insoweit geeignet, als die verfassungsgarantierten Arbeitskämpfe zugleich auch materiell rechtmäßig sind. Dagegen läßt Art. 9 Abs. 3 S. 3 GG offen, ob die nicht verfassungsgarantierten Arbeitskämpfe zugleich als materiell rechtswidrig beurteilt werden müssen.

§ 8 Inhalt und Schranken der Arbeitskampfgarantie

I. Arbeitskampfrecht oder Einrichtungsgarantie?

1. Der kollektive Gehalt des Art. 9 Abs. 3 S. 3 GG

Nachdem sich Art. 9 Abs. 3 S. 3 GG als deklaratorische Bestätigung einer verfassungsrechtlichen Arbeitskampfgarantie erwiesen hat, stellt sich sogleich die weitere Frage, ob Art. 9 Abs. 3 S. 3 GG darüber hinaus Anhaltspunkte für die nähere Ausgestaltung dieser Garantie enthält.

Das hervorstechendste deklarative Moment der Schutzklausel besteht in der Betonung der kollektiven Rechtsposition, die auf den besonderen „Öffentlichkeitsstatus"[1] und die tragende Verantwortung der Koalitionen im Arbeitsleben hinweist. Die kollektivrechtliche Ausgestaltung der Schutzklausel deutet an, daß eine zutreffende Beurteilung ar-

---
[64] *Scholz*, S. 38.
[1] *Hirsch*, S. 13 ff.; *Kaiser*, Repräsentation, S. 355 ff.; *Krüger*, S. 25 ff.; *Lerche*, Arbeitskampf, S. 28 f.; *Lerche*, Verfassungsfragen, S. 30 ff.; *Ridder*, S. 31 f.; *Scholz*, S. 195 ff., 218 f.; *Weber-Scheuner-Dietz*, S. 38 ff., 62, 68 ff.

§ 8 Inhalt und Schranken der Arbeitskampfgarantie

beitskampfrechtlicher Erscheinungen nur mittels einer kollektivrechtlichen Betrachtungsweise erfolgen kann. Die modernen sozialen und wirtschaftlichen Kämpfe lassen sich nur als „Massenerscheinungen" rechtlich würdigen. Der Arbeitskampf ist mithin mehr als nur ein Ausfluß des Rechts auf freie Entfaltung der Einzelpersönlichkeit. Die teilweise gewaltigen Kollektivaktionen können infolgedessen weder den Handlungen eines Individuums noch einer Bündelung von Individualaktionen gleichgesetzt werden[2].

Die kollektivrechtliche Gleichbehandlung der Tarifpartner durch die verfassungsrechtliche Regelung zeigt, wie berechtigt die im Rahmen der Untersuchung des Arbeitskampfbegriffes aufgetretenen Bedenken über die Kollektivität von Arbeitskämpfen einzelner Arbeitgeber sind[3]. Per definitionem läßt sich zwar auch die Individualaussperrung unter die auf tatsächliche Machtverhältnisse abstellende Arbeitskampfdefinition subsumieren, gleichwohl macht der Grundgesetzgeber die Verfassungsgarantie für Arbeitskämpfe der Arbeitgeberseite von der erst im Wege der verbandsmäßigen Organisierung und Durchführung eintretenden Kollektivität abhängig.

2. Subjektiv-öffentliches „Gruppengrundrecht"?

Wird durch Art. 9 Abs. 3 S. 3 GG eine kollektivrechtliche Betrachtungsweise anbefohlen, so bleibt damit dennoch unbeantwortet, ob die Arbeitskampfgarantie als Garantie eines subjektiv-öffentlichen Arbeitskampfrechts zu verstehen ist, das den einzelnen Koalitionen als echtes „qualitatives" Gruppengrundrecht unmittelbar zustehen würde oder zumindest als „quantitatives Gruppengrundrecht" über die Brücke des Art. 19 Abs. 3 GG eingebracht werden könnte[4]. Die deklaratorische Arbeitskampfgarantie des Art. 9 Abs. 3 S. 3 GG ist vielmehr auch mit der Vorstellung vereinbar, die Arbeitskampffreiheit werde nur als Einrichtung garantiert.

Ob aus diesen denkbar verschiedenen Ausgestaltungen der Arbeitskampfgarantie objektivrechtliche Unterschiede folgen würden, muß allerdings bezweifelt werden. Denn keine der beiden Konstruktionsmöglichkeiten würde für sich gesehen den Umfang objektiven Freiheitsraumes bereits in allen Einzelheiten festlegen.

Subjektivrechtlich hat diese Frage jedoch praktische Bedeutung für die Zulässigkeit von Verfassungsbeschwerden nach Art. 93 Abs. 1 Ziff. 4 a GG i. V. m. § 90 BVerfGG[5].

---

[2] *Bulla*, S. 163 ff.; *Lohse*, S. 51; *Nikisch*, Bd. II, S. 102; vgl. aber *Scholz*, S. 126 ff., 135 ff. Vgl. jetzt auch *Scheuner* DöV 1971, 505 ff. (507 ff.).
[3] s. o. § 4 I 2 a.
[4] Vgl. zu dieser Differenzierung eingehend *Scholz*, S. 135 ff.
[5] Vgl. *Steindorff* JZ 1960, 582.

3. Die Arbeitskampfgarantie im Hinblick ihrer Plazierung

Danach bleibt der Versuch, die Ausgestaltung der Arbeitskampfgarantie im Wege ihrer Lokalisierung zu ermitteln.

Art. 9 Abs. 3 S. 3 GG setzt als deklaratorische Regelung bereits den Bestand einer Arbeitskampfgarantie voraus. Welchem Artikel des Grundgesetzes sie zu entnehmen ist, wird von Art. 9 Abs. 3 S. 3 GG jedoch nicht ausdrücklich angegeben.

Der kollektivrechtlichen Betrachtungsweise entsprechend erscheint die Lokalisierung der Arbeitskampfgarantie in Art. 2 Abs. 1 GG von vornherein ungeeignet. Das Recht auf freie Entfaltung der Persönlichkeit ist eine liberale Freiheitsgarantie für das Individuum. Bei den verbandsmäßig organisierten Arbeitskämpfen dagegen handelt es sich um kollektive Kämpfe, die einen Ausgleich sachbedingter Gegensätze unter den sozialen Gegenspielern herbeiführen soll. Auch wenn die mit einer Plazierung der Arbeitskampfgarantie in Art. 2 Abs. 1 GG verbundene „Individualisierung" im wesentlichen durch Art. 19 Abs. 3 GG „aufgefangen" werden könnte, so gibt doch zusätzlich die systematische Interpretation des Art. 9 Abs. 3 S. 3 GG einer direkt in Art. 9 Abs. 3 GG vorgenommenen Plazierung den Vorzug[6].

Danach ist der häufig vertretene Rückgriff auf die allgemeine Handlungsfreiheit nicht etwa nur überflüssig, sondern angesichts der verfassungsgesetzlichen Subsidiarität des Art. 2 Abs. 1 GG[7] durchaus unzulässig[8]. Aufgrund der systematischen Interpretation erscheint ferner die zusätzliche Bemühung des in Art. 20 Abs. 1 und Art. 28 Abs. 1 S. 1 GG verankerten Sozialstaatsprinzips unangebracht.

Auf den ersten Blick legt nun die in Art. 9 Abs. 3 GG vorgenommene Plazierung der Arbeitskampfgarantie den Schluß auf eine Ausgestaltung im Sinne einer Einrichtungsgarantie nahe, wofür auch die Vorstellung des historischen Gesetzgebers streiten würde.

Ein subjektives öffentliches Arbeitskampfrecht droht an der Regelung des Art. 9 Abs. 3 S. 2 GG zu scheitern. Denn, so wird argumentiert[9], wäre das Arbeitskampfrecht integrierender Bestandteil der Koalitionsfreiheit, verstieße jede Abwehraussperrung gegen Art. 9 Abs. 3 S. 2 GG, jeder den Arbeitskampf ausschließende oder einschränkende Tarifvertrag wäre

---

[6] s. o. § 7 II 2.
[7] Vgl. insb. BVerfGE 19, 303 (314).
[8] *Lerche*, Arbeitskampf, S. 45; *Maunz-Dürig*, Art. 9 RN 112.
[9] *A. Hueck* RdA 1968, 431 (Sp. 2); *Lohse*, S. 61; *Promberger*, S. 14; *Weber-Scheuner-Dietz*, S. 10 ff.

ebenso wie jede freiwillige Schlichtungsvereinbarung verfassungswidrig, weil für die Zeit der damit begründeten Friedenspflicht Kampfmaßnahmen in bestimmtem Umfang verboten sind.

In Wahrheit kann daraus jedoch höchstens folgen, daß Art. 9 Abs. 3 S. 2 GG entsprechend verengt gelesen werden muß, zumal sich sein Wortlaut sowieso nur auf die individuelle Koalitionsbildungsfreiheit bezieht. Darüber hinaus bemerkt Lerche[10] völlig zu Recht, daß andererseits die Kampffreiheit nur im Hinblick auf das übergreifende Ordnungsziel der letztlich friedlichen Einigung begriffen und gerechtfertigt werden kann.

Insgesamt ergibt sich danach, daß die Ausgestaltung der Arbeitskampfgarantie offenbleiben muß trotz der im Wege einer systematischen Interpretation vorgenommenen Plazierung in Art. 9 Abs. 3 GG.

II. Die Schranken der Arbeitskampfgarantie

1. Schrankenziehung durch einfach-gesetzliche Regelungskompetenzen

a) Allgemein-gesetzliche Regelungskompetenz

Unabhängig davon, daß Art. 9 Abs. 3 S. 3 GG nicht zwischen einem subjektiv-öffentlichen Arbeitskampfrecht einerseits und einer Einrichtungsgarantie der Arbeitskampffreiheit andererseits entscheidet, kann dem Problem nachgegangen werden, welchen objektiven Freiheitsraum die Arbeitskampfgarantie im einzelnen gewährleistet. Denn die offengebliebene Frage betrifft allein den etwaigen subjektiv-rechtlichen Aspekt der Garantie.

Die Untersuchung über den Schutzumfang hatte ergeben, daß Art. 9 Abs. 3 S. 3 GG in deklaratorischer Weise rechtmäßige Arbeitskämpfe im Notstand wie in der Normallage nur vor der zielgerichteten Anwendung bestimmter Notstandssondervollmachten schützt. Eine Beschränkung der Arbeitskampffreiheit durch Gebrauch einfach-gesetzlicher Regelungskompetenz ist davon nicht insgesamt ausgenommen worden.

Die allgemein das Arbeitsrecht erfassende einfach-gesetzliche Regelungskompetenz statuiert Art. 74 Nr. 12 GG. Danach haben die Länder die Befugnis zur Gesetzgebung, solange und soweit der Bund von seinem Gesetzgebungsrecht keinen Gebrauch macht, Art. 72 Abs. 1 GG. Lerches treffende Zentrierung der Garantie koalitionsmäßiger Betätigung auf den Mittelpunkt der Kommunikationsrechte[11], sowie der zur Parteienfreiheit

---

[10] *Lerche*, Arbeitskampf, S. 44 f.
[11] *Lerche*, Arbeitskampf, S. 35.

gezogene Vergleich[12] haben die auch für die Arbeitskampfgarantie bestehenden immanenten Regelungsschranken deutlich gemacht. Danach besteht eine konkurrierende Gesetzgebungskompetenz zum Erlaß arbeitskampfregelnder „allgemeiner Gesetze" im Sinne des Art. 5 Abs. 2 GG[13].

b) Organisatorische Regelungskompetenz

Anerkennt man ferner ein prinzipielles Organisationsrecht des Verfassungsgesetzgebers zur Bereitstellung eines Arbeitskampfsystems, das die „grundsätzlichen Startbedingungen" festlegt, mit deren Hilfe der Auseinandersetzungsprozeß der sozialen Gegenspieler gewissermaßen erst in Gang gesetzt werden kann, so erwächst daraus sekundär, „kraft Verfassungsauftrages", eine einfach-gesetzliche Regelungskompetenz, solange und soweit der Verfassungsgesetzgeber diese an sich primär ihm obliegende Organisationsaufgabe nicht selbst erfüllt hat[14]. Insoweit besteht eine Kompetenz des einfachen Gesetzgebers, ein Arbeitskampfsystem staatlicherseits überhaupt erst bereitzustellen[15].

2. Die vorgefundenen Kompetenzbeschränkungen

a) Die „allgemeinen" Gesetze

Wiederum erst die Begrenzung dieser verschiedenen einfach-gesetzlichen Regelungskompetenzen kann den danach verbleibenden und unantastbaren objektiven Freiheitsraum der Arbeitskampfgarantie bezeichnen. Bevor jedoch speziell der begrenzenden Wirkung des Art. 9 Abs. 3 S. 3 GG auf diese Regelungskompetenzen nachzugehen ist, sollen die vorgefundenen Kompetenzbeschränkungen kurz überblickt werden.

Die Befugnis zum Erlaß allgemeiner arbeitskampfregelnder Gesetze findet ihre Beschränkung schon in sich, als diese Gesetze „allgemein" sein müssen, mithin keinen Eingriffscharakter tragen dürfen[16].

Innerhalb der sonach begrenzten einfach-gesetzlichen Regelungsbefugnis läge etwa die Festlegung der für Arbeitskämpfe geltenden Rechtmäßigkeitskriterien, so daß diese nicht erst im Wege der Auslegung des Art. 9 Abs. 3 S. 3 GG erschlossen werden müßten. Außerdem wäre es

---

[12] *Lerche*, Arbeitskampf, S. 36.
[13] Vgl. dazu ausführlich *Scholz*, S. 335 ff.
[14] *Lerche*, Arbeitskampf, S. 37 ff.
[15] *Maunz-Dürig*, Art. 9 RN 127, 129; *Säcker*, S. 84 ff.; *Scholz*, S. 248 ff., 353 ff.
[16] s. o. § 5 I 4. Das allgemeine Gesetz ist Schranke und Garantie zugleich; vgl. *Scholz*, S. 346.

Aufgabe allgemeiner Gesetze, die jeweiligen rechtlichen Wirkungen eingesetzter Arbeitskampfmittel zu normieren. Demgegenüber wäre jedoch die allgemein-gesetzliche Regelungsbefugnis überschritten, wenn bestimmte einzelne Arbeitskampfmittel mit einem Verdikt belegt werden würden. Ein Streik-, Aussperrungs- oder Boykottverbot könnte daher nicht als „allgemeines" Gesetz halten[17].

b) Wesensgehaltsgarantie und übergreifende Verfassungsprinzipien

Wesentlichste Begrenzung des einfachen Gesetzgebers bei der Bereitstellung eines Arbeitskampfsystems stellt die Wesensgehaltsgarantie des Art. 19 Abs. 2 GG dar.

„Die Bindung an den sog. Wesensgehalt meint Respektierung nicht nur eines existentiellen Mindestmaßes an grundrechtlicher Freiheit dieser Sphäre, vielmehr bedeutet sie auch Schutz der spezifischen institutionellen Stützen und prägenden Substanzen"[18] der Verfassungsgarantie. Die bei der Bereitstellung eines Arbeitskampfsystems weitgreifende einfachgesetzliche Regelungskompetenz mag zwar das Verbot einzelner Arbeitskampfarten in Betracht ziehen, ein totales Auslöschen der Arbeitskampffreiheit für den einen oder anderen Sozialpartner würde die Arbeitskampfgarantie jedoch mit Sicherheit sprengen, weil ihr die antagonistische Grundlage entzogen würde.

Weitere Begrenzungen können sich aus dem wechselseitigen Einwirken übergreifender Verfassungsinhalte ergeben[19]. Damit ist an das Verbot willkürlicher, rechts- und sozialstaatswidriger Differenzierungen zwischen einzelnen Arbeitskampfmitteln gedacht, das eine unsachgemäße Privilegierung oder Benachteiligung bzw. eine unsachgemäße Beschränkung in der Entwicklung der Koalitionen verhindert.

3. Besondere Kompetenzbeschränkungen durch Art. 9 Abs. 3 S. 3 GG

Letzte Klarheit über den unantastbaren objektiven Freiheitsraum der Arbeitskampfgarantie ist bisher in der Literatur trotz dieser Schrankenordnung nicht erzielt worden. Dies gilt namentlich für die weiterhin strittige Frage eines einfach-gesetzlichen Verbots oder einer einfach-gesetzlichen Differenzierung zwischen bestimmten Arbeitskampfmitteln. Deshalb braucht hier nicht erneut in allen Einzelheiten auf die schon vorliegenden Untersuchungen insbesondere zu Fragen des Wesensgehalts,

---

[17] *Lerche*, Arbeitskampf, S. 46 ff.
[18] *Lerche*, Arbeitskampf, S. 54.
[19] Vgl. *Evers*, Arbeitskampffreiheit, S. 29 ff.; *Lerche*, Arbeitskampf, S. 41; *Scholz*, S. 353 ff.

der Parität und Neutralität eingegangen zu werden[20]. Es ist vielmehr zu prüfen, ob speziell Art. 9 Abs. 3 S. 3 GG in dieser Frage schärfere Akzente setzt und die aufgezeigte Schrankenordnung mit deutlicheren Konturen versehen hat. Dies ist insbesondere deshalb von Interesse, weil eventuelle, speziell von Art. 9 Abs. 3 S. 3 GG getroffene einfach-gesetzliche Kompetenzbeschränkungen nicht mehr unter allgemeineren verfassungsrechtlichen Gesichtspunkten hinwegdiskutiert werden könnten.

Die Analysierung der deklaratorischen Arbeitskampfgarantie hat ergeben, daß der Verfassungsgesetzgeber eine Kampffreiheit nur für rechtmäßige Arbeitskämpfe gewährleistet, indem er selbst deren Voraussetzungen bezeichnet. Damit wird bereits die einfach-gesetzliche Regelungskompetenz zur Schaffung „allgemeiner Gesetze" sehr wesentlich gebunden. Denn soweit diese eine allgemeine Regelung der Rechtmäßigkeitskriterien für Arbeitskämpfe beabsichtigen, könnte es sich nurmehr um eine Konkretisierung oder Ausfüllung dessen handeln, was der Verfassungsgesetzgeber „rahmenartig" schon vorgegeben hat.

Ist schon von hieraus eine Bindung einfach-gesetzlicher Regelungskompetenzen nicht von der Hand zu weisen, so muß dies an sich erst recht für die prinzipiell viel weitergreifende Kompetenz des einfachen Gesetzgebers zur Bereitstellung einer Arbeitskampfordnung gelten. Hat nämlich der Verfassungsgesetzgeber bereits selbst einen Rechtmäßigkeitsrahmen für Arbeitskämpfe abgesteckt, so kann darin nichts anderes gesehen werden, als ein Gebrauchmachen von der originär und primär ihm obliegenden Befugnis zur Organisierung einer Arbeitskampfordnung. Insoweit hat er die sekundäre einfach-gesetzliche Kompetenz wieder an sich gezogen und den „stillschweigenden Verfassungsauftrag" widerrufen.

Der bewußte Verzicht des Verfassungsgesetzgebers auf eine Nomenklatur der Arbeitskampfmittel läßt für sich allein betrachtet die einfachgesetzliche Organisationskompetenz zunächst noch unberührt. Dieser Verzicht allein erlaubt auch verfassungsteleologisch keinen zuverlässigen Schluß auf ein Differenzierungsverbot[21]. Erst in Verbindung mit dem verfassungsmäßig abgesteckten Rechtmäßigkeitsrahmen erweist sich dieser Verzicht als bewußte Freistellung der sozialen Gegenspieler von einer Festlegung der Arbeitskampfmittel, soweit und solange sich diese in den verfassungsmäßig vorgegebenen Rechtmäßigkeitsrahmen einfügen. Demzufolge besitzen die Kampfparteien grundsätzliche Freiheit in der Wahl ihrer Mittel, wie im Einführen und Erfinden neuer Typen[22].

---

[20] Vgl. dazu einerseits *Evers*, Arbeitskampffreiheit, S. 53 ff.; *Lerche*, Arbeitskampf, S. 55 ff., 64 ff.; *Scholz*, S. 353 ff. und andererseits *Hueck-Nipperdey*, Bd. II/Tl. 2 (1970), S. 925 f.; *Jüring* DB 1966, 190; *Rüthers* DB 1968, 1949 jeweils m. w. N.

[21] s. o. § 7 II 3.

[22] Zum Grundsatz freier Typenbildung s. o. § 4 I 3 a und c.

§ 8 Inhalt und Schranken der Arbeitskampfgarantie 101

Dieser von Verfassungs wegen zugestandene arbeitskampfrechtliche Freiheitsraum kann nun nicht durch den einfachen Gesetzgeber wieder entzogen oder eingeengt werden. Dies gilt, zumal es bereits an dem Bedürfnis nach einer einfach-gesetzlichen Einschränkung fehlen dürfte. Denn nachdem der Verfassungsgesetzgeber die Situation allgemeiner Gefahrenlage im Notstand nicht zum Anlaß genommen hat, die Freiheit zur Führung und Fortführung der rechtmäßigen Arbeitskämpfe einzuschränken, kann sich der einfache Gesetzgeber dazu im Normalfall noch viel weniger bemüßigt sehen.

Jedes einfache Gesetz zur Beschränkung solcher Arbeitskampfmittel, die innerhalb des verfassungsmäßig vorgegebenen Rechtmäßigkeitsrahmens liegen, ist demzufolge wegen Verstoßes gegen die Arbeitskampfgarantie verfassungswidrig und daher nichtig.

III. Das Aussperrungsverbot der Hessischen Verfassung

1. Kollektives Aussperrungsverbot und Art. 9 Abs. 3 S. 3 GG

Das Aussperrungsverbot der Hess. Verfassung scheint nach dem Bisherigen ein typischer Anwendungsfall einer gegen die Arbeitskampfgarantie verstoßenden einfach-gesetzlichen Beschränkung der Kampffreiheit zu sein, die demzufolge verfassungswidrig und daher nichtig wäre. Denn Art. 29 Abs. 5 HV bestimmt: „Die Aussperrung ist rechtswidrig."

Die Entstehungsgeschichte zu dieser heiß umstrittenen Frage ist denkbar unergiebig. Während auf der einen Seite das Aussperrungsverbot als „zweifellos" verfassungswidrig abqualifiziert wurde[23], zeigte der in der Beratung des Art. 9 Abs. 3 S. 3 GG vom Land Hessen gestellte Antrag, daß das Aussperrungsverbot durchaus mit der Regelung des Art. 9 Abs. 3 S. 3 GG vereinbar gehalten wurde[24].

Dem entspricht der Meinungsstand in der Literatur. Während zwar die h. A. die Gültigkeit dieses Verbots verneint[25], treten andere auch für seine Vereinbarkeit mit Art. 9 Abs. 3 S. 3 GG ein[26].

Den Befürwortern ist zwar zuzugeben, daß die Entstehungsgeschichte nicht zur Streitentscheidung beiträgt. Hat man sich aber einmal zu der Auslegung bekannt, daß Art. 9 Abs. 3 S. 3 GG eine deklaratorische Ver-

---

[23] s. o. § 2 III 3 c.
[24] s. o. § 2 III 3 b.
[25] Vgl. etwa *Gamillscheg*, S. 49 f.; *Hueck-Nipperdey*, Bd. II/Tl. 2 (1970), S. 926 f. m. w. N. in Anm. 39 d; *Maunz-Dürig*, Art. 9 RN 130; *Rüthers* DB 1968, 1948 (1949); *Säcker*, S. 86; wohl auch *Merker* DB 1968, 1404; weitere Nachweise bei *Lerche*, Arbeitskampf, S. 9 f.
[26] *Lerche*, Arbeitskampf, S. 90 ff.; *Evers*, Arbeitskampffreiheit, S. 103 ff.; *Scholz*, S. 354; *Glückert* DB 1968, 2279.

fassungsgarantie für rechtmäßige Arbeitskämpfe nicht nur im Notstandsfall, sondern auch in der Normallage enthält, wobei der Verfassungsgesetzgeber sogar selbst die Rechtmäßigkeitskriterien rahmenartig umschreibt, so verbleibt dem einfachen Gesetzgeber kein Raum, mittels restriktiver Festlegung der solcherart umschriebenen Rechtmäßigkeitskriterien bestimmte Kampfmittel aus dem „offenen" Arbeitskampfbegriff zu eliminieren.

Im Hinblick darauf ist das hessische Aussperrungsverbot zu prüfen. Es ist verfassungswidrig, wenn und soweit es der Arbeitskampfgarantie widerspricht. Die Garantie schützt Arbeitskämpfe, wenn sie von Koalitionen zur Wahrung und Förderung von Arbeits- und Wirtschaftsbedingungen geführt werden, mithin dem System gemeinwohlgebundener Realisierbarkeit koalitionsmäßiger Zweckbestimmung entsprechen. Kollektive arbeitsrechtliche Aussperrungen fügen sich in dieses System ein. Ein Verbot dieser Aussperrungen durch die Hess. Verfassung ist folglich ungültig.

2. Individualaussperrung und Art. 9 Abs. 3 S. 3 GG

Da sich das hessische Aussperrungsverbot jedoch nicht nur auf kollektive, sondern auch auf individuelle Aussperrungen bezieht, ist seine Vereinbarkeit insoweit mit Art. 9 Abs. 3 S. 3 GG gesondert zu überprüfen.

Die Arbeitskampfgarantie stellt die „wilde" oder Individualaussperrung nicht unter verfassungsrechtlichen Schutz. Sie entspricht nicht dem System gemeinwohlgebundener Realisierbarkeit koalitionsmäßiger Zweckbestimmung. Ob sie bereits deshalb allgemein als rechtswidrig anzusehen ist, konnte nicht eindeutig entschieden werden[27]. Jedenfalls aber unterfällt sie nicht der verfassungsrechtlichen Arbeitskampfgarantie, so daß insoweit die einfach-gesetzliche Regelungskompetenz zur Festlegung der Rechtmäßigkeit erhalten bleibt.

Soweit daher das hessische Aussperrungsverbot Individualaussperrungen für rechtswidrig erklärt, steht dem Art. 9 Abs. 3 S. 3 GG nicht entgegen.

3. Verfassungskonforme Auslegung

Ergeben sich aus der speziellen Regelung des Art. 9 Abs. 3 S. 3 GG keine Bedenken gegen ein einfach-gesetzliches Verbot von Individualaussperrungen, treten folglich die früher in der Literatur geltend gemachten Gültigkeitseinwände insoweit zurück. Die eindeutige Abkehr der deklaratorischen Arbeitskampfgarantie des Art. 9 Abs. 3 S. 3 GG von individuellen Arbeitskampfarten zeigt, daß diese weder zu ihrem Wesensgehalt gehö-

---

[27] s. o. § 4 IV 2 und § 7 III 3.

ren noch unter allgemeineren Gesichtspunkten der Parität und Neutralität in die Arbeitskampfgarantie hineininterpretiert werden dürfen. Unberührt bleiben demnach die Argumente der Befürworter eines hessischen Aussperrungsverbots, soweit sich dieses Verbot auf Individualaussperrungen beschränkt.

Freilich ist damit eine abschließende Beurteilung des hessischen Aussperrungsverbots noch nicht getroffen. Dies gilt allzumal für die Frage seiner Vereinbarkeit mit höherrangigem einfachem Bundesrecht[28], eine Frage, zu der Art. 9 Abs. 3 S. 3 GG von Natur aus nichts beizutragen hat.

Vor dem Hintergrund der Notstandsgesetzgebung kann aber immerhin festgestellt werden, daß Art. 9 Abs. 3 S. 3 GG einem landesrechtlichen Verbot von Individualaussperrungen nicht entgegensteht.

Gemäß dem vom BVerfG entwickelten und in ständiger Rechtsprechung angewandten Prinzip verfassungskonformer Auslegung[29] ist daher Art. 29 Abs. 5 HV im Lichte des Grundgesetzes zu sehen. „Denn es spricht nicht nur eine Vermutung dafür, sondern das in dieser Vermutung zum Ausdruck kommende Prinzip verlangt auch im Zweifel eine verfassungskonforme Auslegung des Gesetzes[30]." Demzufolge ist für Art. 29 Abs. 5 HV jene Gesetzesinterpretation zu wählen, die mit dem Grundgesetz noch vereinbar ist.

Art. 29 Abs. 5 HV als Verbot von Individualaussperrungen gelesen, gibt Art. 9 Abs. 3 S. 3 GG keinen Anlaß, dieses Landesgesetz insgesamt zu kassieren. Der Inhalt seiner restriktiven Interpretation ist vielmehr mit Art. 9 Abs. 3 S. 3 GG konform. Demgemäß sind Individualaussperrungen in Hessen verboten, während sie im übrigen Bundesgebiet rechtmäßig sein mögen, sofern man nicht bereits aus einem Umkehrschluß aus der Arbeitskampfgarantie ihre allgemeine Rechtswidrigkeit folgern will.

§ 9 Thesen — Eine Bilanz der wesentlichsten Untersuchungsergebnisse

I. Notstandsrechtliche Ergebnisse

1. Art. 9 Abs. 3 S. 3 GG legt seiner Regelung einen weiten Arbeitskampfbegriff zugrunde.

---

[28] Vgl. dazu *Gamillscheg*, S. 49 f. und insbesondere *Säcker*, S. 86, die jedoch zu übersehen scheinen, daß die RSpr. des BAG kein bundesrechtliches Gewohnheitsrecht unter Einschluß der hess. Sonderproblematik bewirken konnte, weil das BAG insoweit nie über die Rechtmäßigkeit von Individualaussperrungen zu entscheiden hatte.
[29] Vgl. BVerfGE 8, 71 (77 f.) m. w. N. und 8, 274 (324); 9, 194 (220).
[30] BVerfGE 2, 266 (282).

Unter Arbeitskampf ist die von einer Partei des Arbeitslebens erzwungene Störung des Arbeitsfriedens zur Erreichung eines irgendwie gearteten Zweckes zu verstehen. Nach dieser „offenen" Arbeitskampfdefinition gilt im Notstandsfall der Grundsatz der Typenfreiheit im Sinne freier Typenbildung. Die insoweit undifferenzierte Behandlung durch Art. 9 Abs. 3 S. 3 GG intendiert die Gleichwertigkeit sämtlicher Arbeitskampfarten unabhängig ihrer tatsächlichen und rechtlichen Unterschiede.

Eine tatbestandliche Grenze bildet gleichwohl das der Arbeitskampfdefinition zugrunde liegende Wechselspiel sozialer Kräfte.

2. Art. 9 Abs. 3 S. 3 GG macht die Notstandsfestigkeit für Arbeitskämpfe von einer zunächst vagen Zweckbestimmung abhängig.

Da sich die Einweisung in einen Rechtsbereich negativ gelesen als Ausgrenzung verstehen läßt, findet die Zweckbestimmung eine erste Grenze am Gemeinwohl. Darunter ist ein allgemeines Mißbrauchsverbot zu verstehen, das durch das Rechtsstaatsprinzip, den Grundsatz der Verhältnismäßigkeit und das Abwägungsgebot konkretisiert wird. Die Zweckbestimmung „Wahrung und Förderung von Arbeits- und Wirtschaftsbedingungen" ist danach aus sich heraus und unter Berücksichtigung einer potentiellen Zweckverwirklichung innerhalb des Verhältnisses der Arbeitskampfparteien zu entwickeln und einzugrenzen.

Das Kriterium gemeinwohlgebundener Realisierbarkeit erlaubt eine Systematisierung notstandsfester Arbeitskämpfe. Sie können gemäß der rechtlichen und tatsächlichen Realisierbarkeit ihrer Zweckbestimmung unterschieden werden. Zugleich ermöglicht dieses Kriterium Schlußfolgerungen auf die bei Arbeitskämpfen zu beobachtenden Kampfregeln.

Nicht notstandsfest ist insbesondere der arbeitspolitische Arbeitskampf. Während die Zweckbestimmung „Wahrung und Förderung von Arbeits- und Wirtschaftsbedingungen" in Art. 9 Abs. 3 S. 1 GG ohne Einschränkung verstanden werden kann, umfaßt sie in Art. 9 Abs. 3 S. 3 GG nur den engeren arbeitsrechtlichen Bereich.

3. Die Notstandsfestigkeit für Arbeitskämpfe ist in Art. 9 Abs. 3 S. 3 GG ferner an eine koalitionsmäßige Organisierung gebunden.

Koalitionen sind die freiheitlichen Vereinigungen von Arbeitgebern und Arbeitnehmern. Ihre nähere Ausformung wird bestimmt von der wirksamen und nachhaltigen Erfüllung der komplexen Aufgabe, Belange des Arbeits- und Wirtschaftslebens verantwortungsvoll zu regeln.

Nicht notstandsfest sind die wilden Arbeitskämpfe, die entweder auf Arbeitnehmer- oder Arbeitgeberseite nicht von einer Koalition getragen werden.

4. Die Voraussetzungen der Notstandsfestigkeit sind insgesamt eingebettet in das System gemeinwohlgebundener Realisierbarkeit koalitions-

mäßiger Zweckbestimmung. Ein Vergleich der Voraussetzungen für die Notstandsfestigkeit mit denen materieller Rechtmäßigkeit ergibt, daß nur materiell rechtmäßige Arbeitskämpfe Schutzobjekt des Art. 9 Abs. 3 S. 3 GG sind.

Demzufolge ist dieses System zur Ermittlung der Notstandsfestigkeit gleichfalls zur Ermittlung der Rechtmäßigkeitsvoraussetzungen zumindest insoweit geeignet, als notstandsfeste Arbeitskämpfe zugleich auch materiell rechtmäßig sind.

5. Art. 9 Abs. 3 S. 3 GG schützt rechtmäßige Arbeitskämpfe nur vor der zielgerichteten Anwendung bestimmter Notstandssondervollmachten.

Die einfach-gesetzliche Regelungskompetenz wird durch die limitative Enumeration nicht ausgeschlossen. Ferner bleiben solche Notstandsmaßnahmen unberührt, die rechtmäßige Arbeitskämpfe nur mittelbar in reflexiver Form tangieren. Rechtmäßige Arbeitskämpfe sind dann lediglich reflexiv mitbetroffen, wenn Notstandsmaßnahmen nicht gerade und ausschließlich wegen eines Arbeitskampfes ergriffen werden; d. h. in der Sprache des BVerfG: wenn die Notstandsmaßnahmen nicht dem Schutze eines schlechthin und ohne Rücksicht auf einen bestimmten Arbeitskampf zu schützenden vorrangigen Rechtsgutes dienen.

6. In praxi schützt Art. 9 Abs. 3 S. 3 GG lediglich rechtmäßige Streiks.

Aussperrungen können von Notstandssondervollmachten im allgemeinen nicht betroffen werden.

7. Die Schutzfunktion des Art. 9 Abs. 3 S. 3 GG ist auf die mißbräuchliche Anwendung der Notstandssondervollmachten beschränkt.

Dieser Schutz hätte keiner besonderen gesetzlichen Grundlage bedurft. Er ergibt sich bereits aus allgemeinen Verfassungsgrundsätzen.

Zudem erbringen rechtmäßige Arbeitskämpfe nicht die Voraussetzungen für den Gebrauch von Notstandssondervollmachten. Dies gilt grundsätzlich ebenfalls für rechtswidrige Arbeitskämpfe, soweit die Rechtswidrigkeit nicht aus der notstandsverursachenden, der im Notstand hinderlichen oder notstandsverschärfenden Auswirkung folgt.

Der positive und negative Regelungsinhalt des Art. 9 Abs. 3 S. 3 GG läuft daher in unmittelbarer Hinsicht leer und könnte insoweit gestrichen werden.

II. Ergebnisse für die Normallage

1. Expressis verbis äußert sich Art. 9 Abs. 3 S. 3 GG mit einer deklaratorischen Feststellung zum Arbeitskampfrecht der Normallage insoweit, als rechtmäßige Arbeitskämpfe den Normalfall nicht in einen Notstandsfall umstürzen und die Notstandssondervollmachten folglich nicht zur Anwendung gebracht werden können.

2. Grammatisch-logisch, systematisch, teleologisch und historisch ist die Folgerung verfassungsrechtlicher Gewährleistung der Arbeitskampffreiheit in der Normallage begründet.

Die Gewährleistung des Art. 9 Abs. 3 S. 3 GG ist deklaratorischer Art. Sie wird nicht erst konkreter Rechtsanwendung verdankt. Die von Art. 9 Abs. 3 S. 3 GG in Bezug genommene Verfassungsgarantie ist direkt in Art. 9 Abs. 3 anzusiedeln. Eines Rückgriffs auf Art. 2 Abs. 1 oder Art. 20 Abs. 1 und Art. 28 Abs. 1 S. 1 GG bedarf es nicht.

Offen bleibt, ob die Arbeitskampffreiheit als Einrichtungsgarantie oder als subjektiv-öffentliches Grundrecht zu verstehen ist.

3. Art. 9 Abs. 3 S. 3 GG bezeichnet selbst die Voraussetzungen verfassungsrechtlicher Gewährleistung des Arbeitskampfes in der Normallage.

Die Schutzklausel betont insbesondere das kollektivrechtliche Moment. Die Arbeitskampfgarantie ist insgesamt abhängig von einer gemeinwohlgebundenen Realisierbarkeit koalitionsmäßiger Zweckbestimmung. Art. 9 Abs. 3 S. 3 GG gewährleistet infolgedessen nur solche Arbeitskämpfe, die mit der h. L. als rechtmäßig beurteilt werden können.

Es mußte unentschieden bleiben, ob zwischen den Voraussetzungen verfassungsrechtlicher Gewährleistung und denen materieller Rechtmäßigkeit eine wechselseitige Identität besteht. Das System gemeinwohlgebundener Realisierbarkeit koalitionsmäßiger Zweckbestimmung ist daher zur Ermittlung materieller Rechtmäßigkeit mit Sicherheit nur insoweit geeignet, als verfassungsgarantierte Arbeitskämpfe zugleich materiell rechtmäßig sind.

4. Die in Art. 9 Abs. 3 S. 3 GG rahmenartig festgelegten Rechtmäßigkeitsvoraussetzungen verbieten eine Eliminierung rechtmäßiger Arbeitskämpfe aus dem offenen Arbeitskampfbegriff.

Die einfach-gesetzliche Regelungskompetenz ist zwar nicht schlechthin ausgeschlossen, sie findet jedoch eine wesentliche Begrenzung in der Respektierung des verfassungsrechtlich vorgegebenen Rechtmäßigkeitsrahmens. Danach ist dem einfachen Gesetzgeber eine Differenzierung zwischen einzelnen Arbeitskampfarten dann und solange verwehrt, als sie sich innerhalb dieses Rechtmäßigkeitsrahmens bewegen. Auch im Normalfall gilt daher der Grundsatz der Typenfreiheit im Sinne freier Typenbildung.

5. Das hessische Aussperrungsverbot ist nur unter erheblichen Einschränkungen mit Art. 9 Abs. 3 S. 3 GG vereinbar. Art. 29 Abs. 5 HV ist im Lichte des Grundgesetzes verfassungskonform auszulegen. Da Art. 9 Abs. 3 S. 3 GG in deklaratorischer Weise nur Arbeitskämpfe garan-

§ 9 Thesen — Bilanz der wesentlichsten Untersuchungsergebnisse 107

tiert, die auf Arbeitnehmerseite von einer Gewerkschaft und auf Arbeitgeberseite von einem Arbeitgeberverband um einer im Rahmen des Gemeinwohls realisierbaren Zweckbestimmung willen geführt werden, verstößt ein landesrechtliches Verbot lediglich von Individualaussperrungen nicht gegen die Verfassungsgarantie koalitionsmäßiger Arbeitskämpfe. Art. 9 Abs. 3 S. 3 GG läßt dahingestellt, ob das landesrechtliche Individualaussperrungsverbot mit einfachem Bundesrecht vereinbar ist.

Literaturverzeichnis

Lehrbücher, Kommentare, Monographien und Aufsätze

Abel, Gunther: Die Bedeutung der Lehre von den Einrichtungsgarantien für die Auslegung des Bonner Grundgesetzes, Berlin 1964

Abendroth, Wolfgang: Nochmals: Der politische Streik, in: GMH 1954, 258

Anschütz, Gerhard: Kommentar zur Weimarer Reichsverfassung, 14. Aufl., Tübingen 1933

Arndt, Adolf: Demokratie — Wertsysteme des Rechts, in: Arndt-Freund, Notstandsgesetz — aber wie? Köln 1962

Ballerstedt, Kurt: Wirtschaftsverfassungsrecht, in: Bettermann-Nipperdey-Scheuner, Die Grundrechte Bd. III/Tl. 1, S. 1 ff., Berlin 1958

v. Barby, Hanno: Notstandsverfassung und Arbeitskampfrecht, in: AuR 1968, 267

Bäumlin, Richard: Staat, Recht und Geschichte, Zürich 1961

Bauer, Fritz: Politischer Streik und Strafrecht, in: JZ 1953, 649

Bauer, Franz: Das Streikrecht im Notstandsfall, insbesondere auch bei Arbeitsverpflichteten nach dem Arbeitssicherstellungsgesetz, in: DB 1968, 1535

Benda, Ernst: Notstandsverfassung und Arbeitskampf, Berlin 1963

— Die Notstandsverfassung, in: „Geschichte und Staat", Bd. 113, München - Wien 1966

Bertele, Franz: Rechtsnatur und Rechtsfolgen der Aussperrung, Heidelberg 1960

Bettermann, Karl August: Die allgemeinen Gesetze als Schranken der Pressefreiheit, in: JZ 1964, 601

— Die Notstandsentwürfe der Bundesregierung, in: Der Staatsnotstand, hrsg. v. E. Fraenkel, Berlin 1965

Biedenkopf, Kurt H.: Grenzen der Tarifautonomie, Karlsruhe 1964

— Sinn und Grenzen der Vereinbarungsbefugnis der Tarifvertragsparteien, Verhandlungen des 46. Deutschen Juristentages 1966, Bd. I/Tl. 1, S. 92 ff., München - Berlin 1966

Bötticher, Eduard: Zum Begriff des Arbeitskampfes, in: RdA 1955, 81 ff.

— Waffengleichheit und Gleichbehandlung der Arbeitnehmer im kollektiven Arbeitsrecht, Karlsruhe 1956

Brox-Rüthers: Arbeitskampfrecht, Stuttgart 1965

Bulla, Gustav-Adolf: Das zweiseitig kollektive Wesen des Arbeitskampfes, in: Nipperdey-Festschrift I (1955), S. 163 ff., München - Berlin 1955

Bulla, Gustav-Adolf: Der Begriff der „Kampfmaßnahme" im Arbeitskampfrecht, in: DB 1959, 542, 571

Däubler, Wolfgang: Der Streik im öffentlichen Dienst, Tübingen 1970

Dietz, Rolf: Die Koalitionsfreiheit, in: Bettermann-Nipperdey-Scheuner, Die Grundrechte, Bd. III/Tl. 1, S. 417 ff., Berlin 1958

— Friedenspflicht und Arbeitskampfrecht, in: JZ 1959, 425

— Grundfragen des Streikrechts, in: JuS 1968, 1 ff.

Doerk, Klaus: Der Streik als unerlaubte Handlung i. S. d. § 826 BGB, Düsseldorf 1954

Engisch, Karl: Einführung in das juristische Denken, 4. Aufl., Stuttgart 1968

Esser, Josef: Grundsatz und Norm in der richterlichen Fortbildung des Privatrechts, Tübingen 1964

Evers, Hans-Ulrich: Die perfekte Notstandsverfassung, in: AöR 91 (1966), S. 1, 193

— Arbeitskampffreiheit, Neutralität, Waffengleichheit und Aussperrung, Hamburg 1969

Forsthoff, Ernst: Gutachten, in: Forsthoff-Hueck, Die politischen Streikaktionen des DGB anläßlich der parlamentarischen Beratung des Betriebsverfassungsgesetzes in ihrer verfassungsrechtlichen und zivilrechtlichen Bedeutung, 2 Rechtsgutachten, Köln 1952

— Zur Problematik der Verfassungsauslegung, Stuttgart 1961

Gadamer, Hans-Georg: Wahrheit und Methode, 2. Aufl., Tübingen 1965

Galperin, Hans: Begriff und Legitimität der Aussperrung, in: BB 1965, 93

Gamillscheg, Franz: Arbeitsrecht, Rechtsfälle in Frage und Antwort, 2. Aufl., München 1970

Glückert, Jürgen: Verfassungsrechtliche Anerkennung der Aussperrung?, in: DB 1968, 2279

Hamann-Lenz: Kommentar zum Grundgesetz, 3. Aufl., Berlin 1970

Hanau, Peter: Kein Streikverbot für Beamte?, in: JuS 1971, 120

Heck, Philip: Grundriß des Schuldrechts, Tübingen 1929

Heckel, Johannes: Diktatur, Notverordnungsrecht, Staatsnotstand, in: AöR 22 (1932), 275

Hennis, Wilhelm: Politik und praktische Philosophie, Berlin 1963

Hesse, Konrad: Grundfragen einer verfassungsmäßigen Normierung des Ausnahmezustandes, in: JZ 1960, 105 ff.

— Grundzüge des Verfassungsrechtes der Bundesrepublik Deutschland, 3. Aufl., Karlsruhe 1969

Hessel, Philip: Probleme des Streikrechts, in: BB 1951, 85

Hirsch, Martin: Die öffentlichen Funktionen der Gewerkschaften, Stuttgart 1966

Hoffmann, Reinhard: Beamtentum und Streik, in: AöR 91 (1966), S. 142

Hohenester, Hermann: Die Grenzen der Streikfreiheit im Hinblick auf die Arbeitsniederlegung als solche, München 1956

Huber, Ernst Rudolf: Wirtschaftsverwaltungsrecht, Bd. I (1953) und Bd. II (1954), 2. Aufl., Tübingen

Hueck, Alfred: Gutachten, in: Forsthoff-Hueck, Die politischen Streikaktionen des DGB anläßlich der parlamentarischen Beratung des Betriebsverfassungsgesetzes in ihrer verfassungsrechtlichen und zivilrechtlichen Bedeutung, 2 Rechtsgutachten, Köln 1952

— Die Bedeutung des Notstandsrechts für das Arbeitskampfrecht, in: RdA 1968, 430

Hueck, Götz: Arbeitskampf, in: Evangelisches Staatslexikon, Sp. 66 ff., Stuttgart - Berlin 1966

Hueck-Nipperdey: Lehrbuch des Arbeitsrechts, Bd. II (1930), 1. und 2. Aufl., Mannheim - Berlin - Leipzig.

— —, Bd. I (1959), Bd. II (1957), 6. Aufl., Berlin - Frankfurt/M.

— —, Bd. I (1963), Bd. II/Tl. 1 (1966), Bd. II/Tl. 2 (1970), 7. Aufl., Berlin - Frankfurt/M.

— Grundriß des Arbeitsrechts, 5. Aufl., Berlin - Frankfurt/M. 1970

Jüring, Claus: Zum Aussperrungsverbot des Art. 29 Abs. 5 der Hessischen Verfassung, in: DB 1966, 190 ff.

Kaiser, Joseph H.: Der politische Streik, Berlin 1955

— Die Repräsentation organisierter Interessen, Berlin 1956

Kaskel, Walter: Arbeitsrecht, 3. Aufl., Berlin 1928

Kemper, Gerd Heinrich: Pressefreiheit und Polizei, Berlin 1964

Kriele, Martin: Theorie der Rechtsgewinnung, Berlin 1967

Krüger, Herbert: Streik und Aussperrung als Rechtfertigung des Arbeitsvertragsbruchs, in: BB 1955, 613

— Sinn und Grenzen der Vereinbarungsbefugnis der Tarifvertragsparteien, Gutachten für den 46. Deutschen Juristentag, Verhandlungen des 46. Deutschen Juristentages, Bd. II Tl. 1, München - Berlin 1966

Küchenhoff, Günther: Einwirkungen des Verfassungsrechts auf das Arbeitsrecht, in: Nipperdey-Festschrift II (1965), Bd. 2, S. 317 ff., München - Berlin 1965

Kunze, Otto: Streikbereitschaft als Voraussetzung der Tariffähigkeit, in: BB 1964, 1311

Larenz, Karl: Methodenlehre der Rechtswissenschaft, 2. Aufl., Berlin - Heidelberg 1969

Lauschke, Gerhard: Die Notarbeiten im Arbeitskampf unter besonderer Berücksichtigung der Rechtsprechung, Diss. Köln 1967

— Die Notarbeiten im Arbeitskampf als kollektivrechtliche Maßnahme, in: DB 1970, 1175

Leisner, Walter: Grundrechte und Privatrecht, München - Berlin 1960

Lerche, Peter: Übermaß und Verfassungsrecht, Köln 1961

— Verfassungsfragen um Sozialhilfe und Jugendwohlfahrt, Berlin 1963

— Verfassungsrechtliche Zentralfragen des Arbeitskampfes, Bad Homburg - Berlin - Zürich 1968 *v. Mangoldt-Klein:* Das Bonner Grundgesetz Bd. 1, 2. Aufl., Berlin - Frankfurt/M. 1957

Martens, Wolfgang: Grundgesetz und Wehrverfassung, Hamburg 1961

Maunz, Theodor: Deutsches Staatsrecht, 17. Aufl., München 1969

Maunz-Dürig: Kommentar zum Grundgesetz Bd. 1 und 2, München 1970

Mayer-Maly: Probleme des Arbeitskampfrechts, Besprechung von Tomandl, Streik und Aussperrung als Mittel des Arbeitskampfes, in: JBl 1967, 1

Meissinger, Hermann: Reliefbild des Arbeitsrechts, München - Düsseldorf 1952
- Legaler Streik und Arbeitsvertrag, in: AuR 1954, 353
- Grundsatzfragen des Streikrechts, in: DB 1954, 783
- Streik und Arbeitsvertrag, in: NJW 1955, 972

Merker, Paul: Zur Frage der Zulässigkeit der Aussperrung, in: DB 1968, 1404

Müller, Friedrich: Normstruktur und Normativität; Zum Verhältnis von Recht und Wirklichkeit in der juristischen Hermeneutik, entwickelt an Fragen der Verfassungsinterpretation, Berlin 1966

Müller, Gerhard: Grundfragen des Streikrechts, in: RdA 1951, 247
- Problematik und Probleme des Arbeitskampfrechts in der Bundesrepublik Deutschland, in: DRdA 1968, 66

v. Münch, Ingo: Kommentierung des Art. 9 GG (Zweitbearbeitung), in: Bonner Kommentar, 2. Aufl., Hamburg 1964 ff.

Neumann-Duesberg: Der arbeitsrechtliche Streik, in: JR 1954, 441

Niese, Werner: Streik und Strafrecht, Tübingen 1954

Nikisch, Arthur: Arbeitsrecht, Bd. I (1961), Bd. II (1959), Bd. III (1966), Tübingen

Nipperdey, Hans Carl: Die Ersatzansprüche für Schäden, die durch den von den Gewerkschaften gegen das geplante BetrVG geführten Zeitungsstreik vom 27. bis 29. Mai 1952 entstanden sind, (Gutachten), Köln 1953
- Rechtsprobleme der Aussperrung und des Streiks, in: DB 1963, 1613
- Zur Frage des Boykotts der „billigen Flaggen", in: Küchenhoff-Festschrift 1967, S. 133 ff.

Notstandsentwurf '67: Text und Kritik, hrsg. v. d. IG Metall, Frankfurt/M. 1967

Osswald, Richard: Der Streik und die ihm durch das Strafrecht gezogenen Grenzen, Düsseldorf 1954

Promberger, Günter: Arbeitskampf und Einzelarbeitsvertrag, München - Berlin 1967

Radke, Olaf: Zur rechtlichen Problematik der Aussperrung und des Streiks, in: AuR 1964, 67
- Das Koalitionsrecht als Ausdruck der Freiheit, in: Brenner-Festschrift 1968, S. 113

Ramm, Thilo: Der Begriff Arbeitskampf, in: AcP 160 (1961), 336
- Der Arbeitskampf und die Gesellschaftsordnung des Grundgesetzes, Stuttgart 1965
- Die Anerkennung des Streikrechts, in: AuR 1967, 97

Reichel, Hans: Widerstandsrecht und politischer Streik in der neuen Verfassung und im neuen Strafrecht, in: DB 1968, 1312

Reuß, Wilhelm: Der sogenannte „Käuferstreik", in: AcP 156 (1957), S. 89 ff.

— Kollektivrechtliche und (gebündelte) individualrechtliche Arbeitskampfmittel, in: JZ 1965, 348

— Kollektive oder kollektivrechtliche Arbeitskampfziele, in: AuR 1965, 97

— Einige Gedanken zur Beschränkung der Arbeitskampffreiheit, in: Recht im Wandel, Festschrift für C. Heymanns Verlag, S. 253 ff., Köln - Berlin 1965

— Die Grenzen legaler Arbeitskämpfe, in: Juristen-Jahrbuch Bd. 4 (1963/64), S. 163

— Das Problem der Rechtswidrigkeit von Arbeitskämpfen beim Zusammentreffen von rechtmäßigen und rechtswidrigen Arbeitskampfzielen, in: AuR 1966, 33

Ridder, Helmut: Zur verfassungsrechtlichen Stellung der Gewerkschaften im Sozialstaat nach dem Grundgesetz für die Bundesrepublik Deutschland, Stuttgart 1960

Richardi, Reinhard: Die Stellung des Arbeitskampfes in der gesamtwirtschaftlichen Ordnung, in: RdA 1966, 241

— Aussperrung und Arbeitsverhältnis, in: RdA 1970, 65 ff.

Rüthers, Bernd: Streik und Verfassung, Köln 1960

— Zum Begriff des politischen Streiks, in: GMH 1960, 31

— Der Arbeitskampf in der Verfassungsordnung, in: Die neue Ordnung in Kirche, Staat, Gesellschaft und Kultur, 1964

— Zur Rechtmäßigkeit von Sympathiearbeitskämpfen, in: BB 1964, 312

— Arbeitskampf und Notstandsverfassung, in: DB 1968, 1948 ff.

— Rechtsprobleme des „tarifbezogenen" wilden Streiks, in: DB 1970, 2120

Säcker, Franz-Jürgen: Grundprobleme der kollektiven Koalitionsfreiheit, Düsseldorf 1969

Schäfer, Friedrich: Die Notstandsgesetze, in: Demokratische Existenz heute Bd. 15, Köln - Opladen 1966

Schäfer, Hans: Die lückenhafte Notstandsverfassung, in: AöR 93 (1968), 37, 78

Schell, Heinz: Notdienstarbeiten im Streik, in: BB 1969, 1179

Scheuner, Ulrich: Der Verfassungsschutz im Bonner Grundgesetz, in: Um Recht und Gerechtigkeit, Festgabe E. Kaufmann 1950

— Die Funktion der Grundrechte im Sozialstaat. Die Grundrechte als Richtlinie und Rahmen der Staatstätigkeit, in: DöV 1971, 505 ff.

Schmid, Richard: Zum politischen Streik, in: GMH 1954, 1

Schnorr v. Carolsfeld, Ludwig: Arbeitsrecht, 2. Aufl., Göttingen 1954

Scholz, Rupert: Koalitionsfreiheit als Verfassungsproblem, München 1971

Seiffert, Jürgen: Gefahr im Verzuge; Zur Problematik der Notstandsgesetzgebung, 3. Aufl., Frankfurt/M. 1965

Siebrecht, Fritz: Das Recht im Arbeitskampf, 3. Aufl., Düsseldorf 1964

Söllner, Alfred: Arbeitsrecht, Stuttgart - Berlin - Köln - Mainz 1969

Stein, Ekkehard: Die Wirtschaftsaufsicht, Tübingen 1967

Steindorff, Ernst: Besprechung von Nikisch, Arbeitsrecht Bd. II, in: JZ 1960, 582 ff.

Tacke, Bernhard: Waffengleichheit im Arbeitskampf, in: AuR 1964, 73

Tillmann, Wolfgang: Politischer Streik und Verfassung, Bonn 1958

Tomandl, Theodor: Streik und Aussperrung als Mittel des Arbeitskampfes, Wien - New York 1965

Vieweg, Theodor: Topik und Jurisprudenz, 4. Aufl., München 1969

Weber, Werner: Die Sozialpartner in der Verfassungsordnung, in: Göttinger Festschrift für das OLG Celle, S. 239 ff., Göttingen 1961

— Das Aussperrungsverbot der Hessischen Verfassung, in: BB 1961, 293 ff.

— Koalitionsfreiheit und Tarifautonomie als Verfassungsproblem, Berlin 1965

Weber-Scheuner-Dietz: Koalitionsfreiheit, Drei Rechtsgutachten, Berlin - Frankfurt/M. 1961

Weitnauer, H.: Rechtmäßigkeit und rechtliche Folgen des wilden Streiks, in: DB 1970, 1639, 1687

Wernicke, Kurt Georg: Kommentierung zu Art. 9 GG (Erstbearbeitung), in: Bonner Kommentar, 1. Aufl., Hamburg 1950 ff.

Wiethölter, Rudolf: Rechtswissenschaft, Karlsruhe 1968

Wittkämper, Gerhard W.: Grundgesetz und Interessenverbände, Köln - Opladen 1963

Zöllner, Wolfgang: Die Zulässigkeit neuer Arbeitskampfformen, in: Festschrift für Bötticher, S. 427 ff., Berlin 1969

Printed by Libri Plureos GmbH
in Hamburg, Germany